PHILTRES D'AMOUR

50 secrets pour ensorceler l'être aimé

Francis Melville

Philtres d'Amour

50 secrets pour ensorceler l'être aimé

SOLAR

Titre original de cet ouvrage
Love Potions & Charms

Traduction-adaptation
Virginie de Bermond-Gettle

Réalisation
Bookmaker, Paris

Mise en pages
Irène de Moucheron

ISBN : 2-263-03422-6
Code éditeur : S03422
Dépôt légal : septembre 2002

Imprimé en Chine

SOMMAIRE

NOTE

L'auteur, l'éditeur et le détenteur des droits ont pris toutes les mesures nécessaires pour s'assurer que les recettes et les formules décrites dans ce livre sont parfaitement sûres si vous suivez les instructions à la lettre, mais ils ne sauraient être tenus responsables de tout dommage corporel ou matériel provoqué par leur utilisation ou subi au cours de celle-ci. Le propos de ce livre n'est pas de se substituer à l'avis d'un professionnel de la santé. Certaines préparations comportent de l'alcool : faites-en usage avec modération, l'alcool nuit gravement à la santé.

Introduction

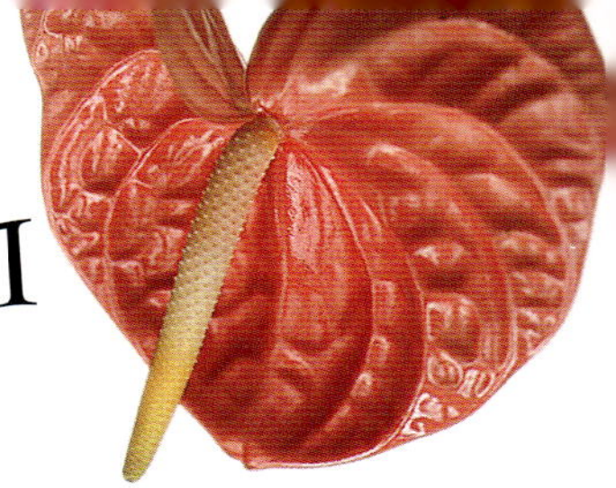

La recherche de l'amour est la quête la plus universelle de l'humanité. Pour les artistes et les poètes, l'union bienheureuse d'un homme et d'une femme a toujours représenté le but suprême de l'existence terrestre, elle est la matière des mythes et des légendes, et le plus grand don des dieux – ou plutôt des déesses, car la principale divinité de l'amour est une femme.

La déesse de l'Amour

Les Grecs l'appelaient Aphrodite ; les Romains lui donnèrent le nom de Vénus. C'est la déesse de tous les aspects de l'amour humain. Elle chante les plaisirs de l'amour physique et enseigne les principes qui en font un art sacré.

Rendons grâce à la déesse

Nous sommes sur terre pour faire l'amour et célébrer ainsi le plus grand don de la vie que nous ayons reçu. Pour atteindre le pinacle de l'amour physique, nous devons être en bonne forme, qu'il s'agisse de notre corps, du cœur ou de l'âme. Si l'un de nos organes fonctionne mal ou si nous n'éprouvons pas de désir, nous devons trouver un remède : les aphrodisiaques. Peut-être l'aphrodisiaque le plus élémentaire est-il l'eau, puisque Vénus est née au milieu des flots. Son nom, qui signifie « sortie de l'écume », a été chanté en ces termes par Homère :

... la plus merveilleuse, la plus charmante des déesses
est apparue au-dessus de l'écume.
Les herbes parfumées surgissaient sous ses pieds légers.
Couverte de guirlandes, elle émergea de l'écume.
Dieux et hommes, ils la nommèrent Aphrodite,
Celle qui fut nourrie par l'écume.

La source de la vie

L'eau est la source de toutes choses, le fluide vital. Boire de l'eau en quantité suffisante est la première règle pour jouir d'une bonne santé, la deuxième règle se résumant à bien s'alimenter. Les aphrodisiaques les plus simples sont ces nourritures que Vénus tient pour sacrées : les fruits de la mer et les légumes et fruits de la terre. Goûtez-en chaque jour, et vous serez toujours disponible pour l'amour.

Les herbes magiques

Pour mieux accorder nos prouesses physiques, nous pouvons nous tourner vers ces « herbes parfumées » dont Homère suggère qu'elles naquirent avec la déesse. L'utilisation de ces herbes est consignée dans les écrits les plus anciens. Le *sama* sacré des antiques textes védiques des Hindous est célébré par l'hymne suivant :

Nous avons bu le sama
Nous sommes devenus immortels
Nous sommes allés vers la lumière
Nous avons trouvé les dieux

Nous savons que le *sama* est une sorte de plante ; les textes antiques nous expliquent même comment préparer les philtres qui amenaient l'extase dans l'union avec les dieux. Malheureusement, nous avons depuis longtemps oublié de quelle plante il s'agissait. Il est également possible qu'elle n'existe plus. En effet, certains aphrodisiaques ont connu un tel succès qu'ils ont été décimés par la cueillette. Citons à titre d'exemple le satyrion, l'aphrodisiaque dont parlent les poètes grecs et romains de l'Antiquité. Pétrone, dans son *Satyricon*, écrit :

Nous vîmes dans les salles des personnes de deux sexes,
qui se comportaient de telle sorte que j'en conclus
que toutes avaient dû boire du satyrion.

Les herbes de la vitalité

Les aphrodisiaques fonctionnent de bien des manières différentes. Certains agissent sur des processus vitaux du métabolisme, d'autres, des toniques, aident certains organes à conserver leur vitalité. Ils peuvent aussi avoir une influence sur le système reproductif et favoriser la fécondité et le bon fonctionnement de nos organes sexuels. Enfin, quelques-uns éveillent subtilement nos sens, nous apaisent et nous transportent par leur parfum ou enchantent nos papilles gustatives. L'élite des aphrodisiaques, ceux qui sont le plus appréciés, agit directement sur la libido. Ils peuvent faire naître le désir et améliorer les performances.

À la découverte des aphrodisiaques

Si vous ressentez un certain intérêt pour les aphrodisiaques, entreprenez un passionnant voyage initiatique qui vous mènera jusqu'au plus intime de votre être. C'est une initiation au cœur même de nos désirs. Non seulement il est intéressant d'apprendre quelles plantes et quels aliments possèdent des qualités aphrodisiaques, mais nous devons aussi découvrir ceux qui nous conviennent le mieux, selon nos besoins personnels, nos goûts et nos désirs.

Révélation et nouvelle découverte

En lisant ce livre, vous serez surpris(e) de découvrir combien la plupart de vos fleurs, épices, huiles essentielles, mets et herbes préférés ont de tout

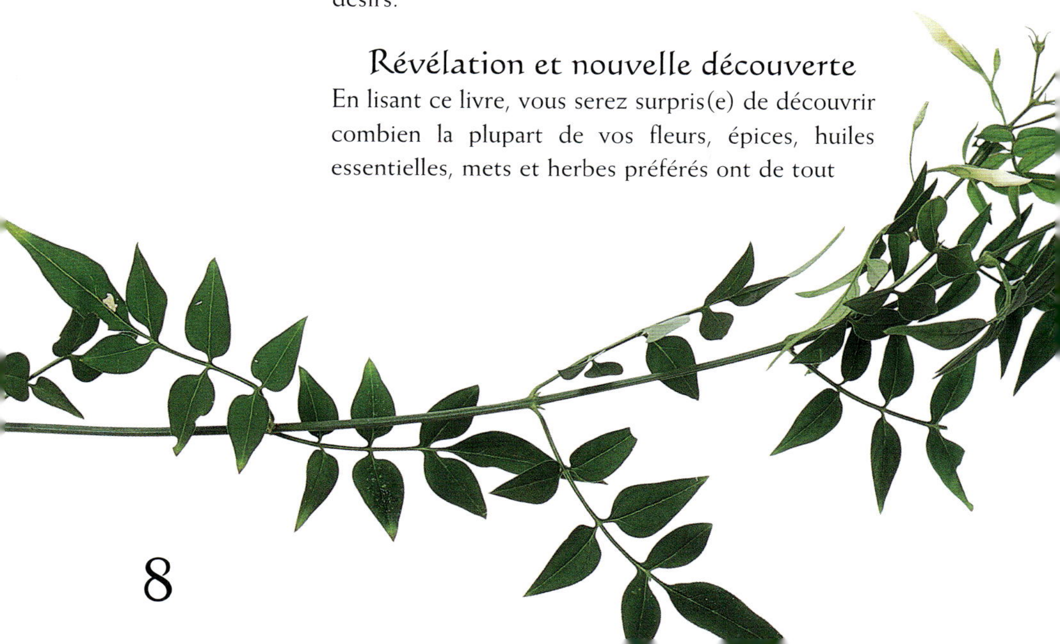

temps été appréciés pour leurs qualités aphrodisiaques. En apprenant comment utiliser ces dons de la nature pour exacerber votre sensualité, vous réveillerez vos instincts créatifs et parviendrez mieux à vous épanouir pleinement, d'un point de vue sensuel et spirituel. N'oubliez jamais que le plus grand des aphrodisiaques est en vous : votre imagination, votre appréciation et votre capacité à aimer. C'est par votre présence que ces philtres et ces incantations prennent vie.

Quelques conseils

Selon les mots mêmes de Paracelse, l'alchimiste : « Tout est poison. Rien n'est poison ». Presque tout peut être mauvais si nous en prenons trop. Certaines des substances décrites dans ce livre peuvent nuire à votre santé si vous en consommez de manière excessive ou prolongée. Notamment certaines préparations qui comportent de l'alcool. Nous vous mettons en garde contre une consommation abusive de ces préparations. De plus faites attention à ne pas les associer à d'autres boissons alcoolisées ou des médicaments, qu'ils soient prescrits ou non. Partout où la prudence s'impose, nous vous l'avons indiqué dans le texte. Faites appel à votre bon sens, et consultez un médecin si vous avez des doutes.

Quand vous préparez des mets, pensez à bien vous laver les mains et à passer vos ustensiles sous l'eau. Lorsque vous devez brûler des ingrédients, prenez toutes les précautions d'usage avec le feu. Lorsque nous indiquons des ingrédients qui sortent de l'ordinaire, consultez le glossaire (p. 122) pour vous renseigner. Pour trouver des fournisseurs, reportez-vous aux adresses utiles (p. 126).

chapitre un

LE TEMPLE DE

L'Amour

Si nous voulons être capables d'aimer, nous devons tout d'abord apprécier le don de la vie en prenant soin de nous-mêmes. Quand nous traitons notre corps avec respect, nous nous sentons plus à l'aise dans notre peau et donc plus sûrs de nos pouvoirs de séduction. Quand nous sommes prêts, nous pouvons alors décider vers qui diriger notre amour. Les incantations et les rituels qui suivent aideront à vous préparer à recevoir l'être aimé.

Boisson amoureuse pour séduire le cœur

Pensée Envoûtante

Parsemez quelques pétales sur les paupières de celui (celle) que vous aimez, et il (elle) sera à vous.

Il vous faut

Des pensées sauvages en fleur

De l'huile de pépins de raisin ou de tournesol

Un mortier et pilon

Un bocal en verre

Une bouteille stérilisée

Selon une légende anglaise, la pensée sauvage était blanche à l'origine. Quand un jour elle fut touchée par une flèche de Cupidon, la blessure prit une teinte rouge que la fleur a gardée. Shakespeare chante la pensée sauvage, utilisée pour une incantation dans *Songe d'une nuit d'été*. En effet, Oberon, le roi des fées, décide de faire appel à son pouvoir :

Je remarquai où tomba le trait de Cupidon
Il toucha une petite fleur des contrées de l'Ouest.
Autrefois blanche, elle rougit de la blessure de l'amour ;
Les vierges lui donnent le nom d'« amour dans la volupté ».
Va me chercher cette fleur ; je te l'ai montrée une fois ;
Si tu verses le nectar de cette pensée sur les paupières endormies
D'un homme ou d'une femme, il tombera fou amoureux
De la première créature qu'il verra en s'éveillant.

Si vous souhaitez en faire usage, voici comment préparer une potion à base de pensée sauvage.

Méthode

Cueillez quelques pensées sauvages en fleur un jour de soleil. Pilez les pétales dans un mortier, puis ajoutez de l'huile de pépins de raisin ou de tournesol. Versez le mélange dans un bocal en verre. Laissez-le reposer au chaud pendant 2 semaines, puis filtrez-le en le versant dans une bouteille stérilisée. Vous pouvez le garder 1 an.

Rêve au Parfum de Laurier

*Pour rêver de la personne
que vous aimez.*

Il vous faut

Des feuilles de laurier

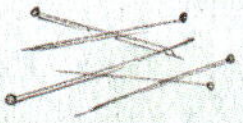

Une épingle

L'art de la divination a passionné toutes les civilisations à toutes les époques. Les Celtes et les Indiens d'Amérique croyaient que la nature était leur guide personnel et qu'en utilisant certaines herbes ou certaines pierres dans leurs rites, ils pouvaient accéder à leurs esprits qui les guideraient en leur inspirant des visions ou des rêves. L'une de ces plantes, utilisée depuis des millénaires en Europe, a pour nom laurier noble ou laurier d'Apollon. Nous le connaissons surtout pour son usage en cuisine. La feuille de laurier possède des propriétés excitantes et narcotiques. Aujourd'hui encore, vous pouvez l'utiliser pour qu'elle vous fasse rêver de la personne que vous aimerez un jour. Voici un rite tout à fait européen pour la veille de la Saint-Valentin, qui vous inspirera un rêve prémonitoire de l'objet de vos désirs.

Méthode

Faites une infusion de feuilles de laurier et versez-la dans un bain chaud à la nuit tombée. À l'écoute de votre amour, détendez-vous dans ce bain pendant 10 minutes. Sortez tranquillement de l'eau et mettez des vêtements de nuit propres. Placez une feuille de laurier à chaque coin de votre oreiller sous la taie, et épinglez-en une cinquième sous l'oreiller. Mettez-vous au lit dans des draps frais et répétez les vers suivants avant de vous endormir :

Bon Valentin, soyez gentil, n'ayez de trêve
Que mon véritable amour m'ait vu en rêve.

Incantation à la Verveine

Invoquez les éléments pour enflammer de passion l'être aimé.

Il vous faut

De la verveine sèche

Du papier d'emballage

Une plume sergent-major

Du feu

Les magiciens ont pour habitude de faire appel au feu pour sceller une incantation ou un souhait. Les incantations sont plus puissantes si elles sont écrites plutôt que prononcées. Lorsque vous brûlez une incantation écrite, vous scellez son contenu, tandis que la fumée porte votre souhait vers le monde des esprits. Pour faire un vœu ardent, prenez tout d'abord un bain de verveine (voir p. 18). Alors que vous vous détendez dans l'eau chaude, étudiez avec soin la nature de votre souhait.

Méthode

Prenez une plume sergent-major et écrivez votre souhait sur du papier de couleur brune, tout en le prononçant à voix haute. Prenez une branche de verveine sèche et entourez-la de papier. Préparez un feu dans un récipient non inflammable ou dans une cheminée et, une fois que les flammes sont hautes, tournez-vous vers l'Est et dites : « Salut à l'Est et aux esprits de l'air. » Prononcez votre vœu, puis dites : « Qu'il en soit ainsi. » Puis tournez-vous vers le Sud et dites : « Salut au Sud et aux esprits du feu » et recommencez le rite. Tournez-vous vers l'Ouest et dites : « Salut à l'Ouest et aux esprits de l'eau » et recommencez le rite. Enfin, faites face au Nord et prononcez : « Salut au Nord et aux esprits de la terre », et recommencez le rite. Placez votre souhait dans le feu, tout en le répétant intérieurement. Regardez les flammes consumer votre souhait, tandis que la fumée l'emporte dans les airs, et remerciez les quatre points cardinaux et les quatre éléments, chacun à leur tour, pour leur aide.

Bain de Rêve

Préparez votre corps et votre âme aux rêves voluptueux.

Il vous faut

De la verveine séchée

Un sachet de mousseline

Rien de tel qu'un bon bain chaud pour se détendre, s'éclaircir les idées et purifier son corps. Autrefois, on y ajoutait de la verveine. Gouvernée par Vénus, la verveine était également considérée comme un aphrodisiaque et entrait souvent dans la composition des philtres d'amour. Les magiciens croyaient qu'elle renforçait les sorts qu'ils jetaient, et les gens de la campagne l'utilisaient pour faire des rêves agréables qui se réaliseraient. La verveine soulage l'insomnie et calme les nerfs, tout en apaisant l'esprit et le corps. Toutes ces qualités contribuent à en faire une potion très particulière qui peut vous inspirer de véritables rêves d'amour. Livrez-vous à ce rite de préférence un vendredi, jour de Vénus.

Méthode

Prenez une poignée de verveine séchée et placez-la dans un sachet en mousseline. Attachez ce sachet au robinet d'eau chaude de votre baignoire afin que l'eau coule dessus. Préparez-vous un bain, allongez-vous dans l'eau et détendez-vous. En commençant par les doigts de pied, détendez chaque partie de votre corps en vous concentrant dessus. Faites le vide dans votre tête. Grâce à la protection de l'herbe sacrée, vous pouvez vous sentir complètement à l'aise. Lavez-vous doucement pour vous préparer à recevoir le don de vision de Vénus, déesse de l'Amour. Séchez-vous lentement et mettez votre tenue de nuit favorite, puis glissez-vous dans votre lit chaud. Endormez-vous en songeant à votre bonheur. Qui sait ce qui vous sera révélé ?

LIT DE ROSES

Rituel pour fonder votre union sur un amour véritable.

IL VOUS FAUT

Une rose rouge

Une rose blanche

Un anneau d'or

Un anneau d'argent

Un anneau de cuivre

Le plus parfait symbole de l'amour, c'est la rose, dont les différentes couleurs correspondent aux nuances des sentiments : le blanc pour l'amour pur, virginal ou platonique, et le rouge pour l'amour passionné, ardent. Nous associons aussi bien la rose au vin qu'à la sensualité ou à la séduction. Emblème de Vénus et d'Aphrodite, elle représente l'amour, la vie, la création, la fécondité et la beauté. Les Romains posaient une couronne de roses sur la tête des mariées, ainsi que sur les statues de Vénus, Cupidon et Bacchus. L'union de la rose rouge et de la rose blanche symbolise la fusion des principes opposés. En alchimie, elle représente le mariage du feu et de l'eau, l'union des principes masculin et féminin. Voici un rite simple qui va par magie faire naître une union entre un homme et une femme.

MÉTHODE

Prenez une rose rouge et une rose blanche dont les boutons commencent juste à s'ouvrir. En rapprochant les tiges, faites-les glisser dans un anneau d'or (l'or est le métal du soleil, le principe masculin), puis dans un anneau d'argent (l'argent étant le métal de la lune, le principe féminin) et, enfin, dans un anneau de cuivre (le cuivre, métal de Vénus – de la planète comme de la déesse –, soutiendra l'union du couple). Placez maintenant les roses « mariées » sur l'oreiller d'un lit aux draps propres. Priez ou souhaitez que le couple représenté par les roses puisse être uni. Si les roses sont encore fraîches et en fleur le lendemain, considérez cela comme un présage favorable.

Rêve d'Achillée

La puissance divinatoire de l'achillée vous fera voir en rêve l'être désiré.

Il vous faut

Des achillées en fleur

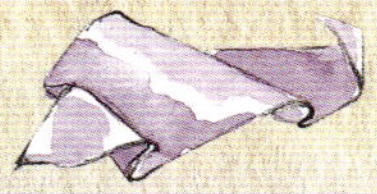

Du tissu

Une aiguille et du fil

D'une civilisation à l'autre, l'achillée a toujours été très prisée, car elle possède des propriétés apparemment magiques. Les Chinois anciens lançaient des tiges d'achillée pour interpréter les oracles quand ils consultaient le *I Ching*, leur livre des divinations, pratique qui s'est maintenue jusqu'à nos jours. Les Anglais se servaient aussi de cette fleur, lorsqu'ils s'adonnaient à l'art de la divination. Dans certaines régions d'Angleterre, les jeunes femmes se chatouillaient les narines avec la feuille duveteuse d'une achillée, espérant se faire saigner du nez, et en récitant cette incantation :

Achillée, achillée, porte-moi un petit coup,
Si mon véritable amour m'aime, que mon nez saigne maintenant.

Voici une recette pour connaître celui que vous aimerez.

Méthode

Cueillez des achillées en fleur un vendredi matin, quand la rosée a séché, et cousez-les dans un petit sac en tissu. Placez ce sac sous votre oreiller et prononcez ces mots avant de vous coucher :

Jolie fleur de l'arbre de Vénus, ton nom véritable est achillée ;
Dis-moi demain, je t'en prie, qui de mon cœur sera l'aimé.

À votre réveil, vous devriez en savoir plus.

SABOT DE LA VIERGE

Un baume qui apaise et réconforte la grâce féminine.

IL VOUS FAUT

60 g d'alchémille

1 verre de cognac ou de vodka

60 g de sabot de la Vierge

Un mortier et un pilon
Un bocal en verre
Une bouteille en verre

De nombreuses plantes sont associées à la Vierge Marie. L'une de ces plantes, l'alchémille, est souvent surnommée « la meilleure amie des femmes », pour ses nombreuses vertus médicinales au service de la santé des femmes. Cette jolie plante symbolisait le manteau de Marie, la forme de ses feuilles ressemblant aux plis et aux drapés que peignaient les peintres de la Renaissance. C'est une excellente herbe en gynécologie : elle sert à tonifier les organes de la reproduction, à soulager les douleurs menstruelles et à faciliter la ménopause. On obtient d'excellents résultats en l'associant avec le sabot de la Vierge, qui sert à apaiser l'anxiété. Le sabot de la Vierge est gouverné par Syrius, étoile étroitement liée à Isis, la déesse mère égyptienne.

MÉTHODE

Cueillez un peu d'alchémille et de sabot de la Vierge par une belle matinée ensoleillée, un vendredi, pendant la lune croissante, quand les plantes commencent juste à fleurir. Faites-les sécher à l'ombre. Le vendredi suivant, réduisez-les en poudre. Mettez ces poudres dans un bocal en verre, en les mélangeant, et versez le verre de cognac ou de vodka. Fermez, puis placez le bocal dans un lieu sombre et chaud pendant deux jours. Filtrez la potion et versez-la dans une bouteille. Buvez-en par petites quantités et une fois par jour pour soulager vos douleurs menstruelles ou les symptômes de la ménopause, et pour apaiser vos nerfs. Mais n'abusez pas de cette préparation. L'alcool est dangereux pour votre santé.

Délices de la Reine

Une merveilleuse lotion curative pour rafraîchir et embellir votre teint.

Il vous faut

30 g de racines fraîches d'euphorbe

25 cl d'eau

15 g de beurre de cacao

3 cuil. à soupe d'huile de germe de blé

2 cuil. à soupe d'huile d'onagre

2 cuil. à café de cire d'abeille

Une cuil. à café de miel liquide

Des huiles essentielles d'encens et de myrrhe

De l'huile parfumée à la rose, à l'ylang-ylang ou au jasmin

Une bouteille en verre fumé

L'euphorbe, plante originaire du sud des États-Unis, fut introduite en Europe par les premiers explorateurs du Nouveau Monde. Elle doit son nom anglais de « délices de la reine » à ses merveilleuses propriétés curatives qui soulagent plusieurs maladies de la peau. En effet, dans l'Angleterre du XVIIIe siècle, les belles dames se couvraient le visage de poudre à base de plomb, qui abîmait leur peau. Pour lutter contre les ravages du maquillage et garder la beauté de leur peau, l'euphorbe leur était devenue un allié indispensable. On utilise la racine, qui, de l'avis général, doit être fraîche pour donner de bons résultats. Voici une recette spéciale pour concocter une lotion pour le corps curative et rajeunissante.

Méthode

Coupez en petits morceaux la racine d'euphorbe dans de l'eau et faites bouillir à feu doux 10 minutes. Égouttez la racine et faites réduire le liquide de cuisson. Laissez reposer. Versez dans un grand bol le beurre de cacao et les huiles de germe de blé et d'onagre. Remplissez une casserole d'eau fraîche, chauffez l'eau et faites fondre dedans la cire d'abeille et le miel. Incorporez cuillerée par cuillerée l'eau de cuisson de l'euphorbe en remuant à chaque fois. Ajoutez 5 gouttes d'huile essentielle d'encens et de myrrhe, ainsi que 5 gouttes d'huile parfumée à la rose, à l'ylang-ylang ou au jasmin. Mélangez bien, puis versez dans une bouteille en verre fumé. Cette potion se conserve au réfrigérateur pendant au moins 1 mois.

Le Temple Extérieur

Purifiez le temple extérieur de votre amour.

Il vous faut

De la sauge coupée en branches de 15 cm

Un brin de laine rouge

Votre maison est le temple extérieur de votre amour. C'est pourquoi il devrait être aussi positif et bénéfique que possible. Comme l'énergie doit pouvoir y circuler en toute liberté, vous devez vous défaire des affaires inutiles et de la poussière. Mais prenez le temps de rendre hommage à toutes les choses que vous aimez et qui vous permettent de vivre dans le confort. Une fois que vous aurez rangé, vous pourrez nettoyer et purifier l'énergie. Choisissez une journée de vents forts, allumez un bâtonnet purifiant et laissez la fumée bénéfique emplir votre intérieur. Essayez de la voir en imagination, tandis qu'elle neutralise l'énergie stagnante et chasse les esprits sournois. Une fois que toute la maison est fumigée, ouvrez grand les portes et les fenêtres pour faire rentrer l'air chargé de promesses nouvelles. Inspirez à fond l'air frais et montrez-vous sensible au renouvellement de l'énergie. Voici comment réaliser un bâtonnet contre les impuretés.

Méthode

Cueillez de la sauge juste avant la floraison, et accrochez-la dans un endroit chaud pour qu'elle sèche. Attachez les herbes sèches avec de la laine rouge. Le rouge est la couleur du Sud et l'élément du feu purifiant. Enroulez le brin de laine en partant du pied du bouquet jusqu'à 3 ou 4 cm du haut, puis de nouveau jusqu'en bas. Pour vous servir de votre bâtonnet purifiant, allumez l'extrémité puis soufflez sur la flamme pour l'éteindre. Le bâton va se consumer lentement en dégageant une fumée odorante.

LES LIENS DE L'AMOUR

Rituel pour voir apparaître votre futur amour.

IL VOUS FAUT

De la parisette

Un mouchoir en lin blanc

Des allumettes ou un briquet

La parisette est une plante peu courante que l'on trouve dans le nord de l'Europe. Ses feuilles ressemblent à des lacs (ou liens) d'amour, c'est-à-dire à des cordons formant des 8. Cette herbe est toxique si vous en consommez de grandes quantités. Autrefois, à petites doses, elle était considérée comme un antidote contre la peste. Étant donné sa toxicité, il n'est pas conseillé de l'utiliser en potion aphrodisiaque, mais voici un rituel où elle devient un charme divinatoire.

MÉTHODE

Restez silencieusement dans une pièce de minuit jusqu'à 1 heure du matin, soit avec quelqu'un, soit seul. Pendant cette heure, arrachez-vous autant de cheveux que vous comptez d'années et posez-les sur un mouchoir en lin blanc. Placez également sur le mouchoir une branche de parisette. Une fois que l'heure s'est écoulée, brûlez un à un vos cheveux arrachés dans un cendrier tout en récitant :

J'offre ce sacrifice, mon sacrifice,
À lui (ou à elle) qui est la prunelle de mes yeux.
Je t'implore maintenant, apparais devant moi
Qu'en cette minute je puisse te contempler.

Votre futur compagnon devrait apparaître dans la pièce avant que votre dernier cheveu ait fini de se consumer. Si une autre personne se trouve avec vous, vous ne pourrez pas voir sa vision, ni elle la vôtre.

L'Autel de votre Amour

*Un soin sensuel pour votre corps,
l'autel de votre amour.*

Il vous faut

De l'huile d'olive

Des huiles essentielles d'encens et de myrrhe

Notre corps est notre plus grand ami puisqu'il abrite notre cœur, notre esprit et notre âme. Les Anciens étaient convaincus que le corps humain était un microcosme où se reflétait l'Univers dans sa totalité. Et l'homme était considéré comme fait à l'image de Dieu. Cependant, quand nous contemplons notre image dans un miroir, nous avons parfois du mal à nous accepter tels que nous sommes. Pour nous sentir bien, rappelons-nous à quel point nous avons de la chance. Notre amour commence par notre joie d'être vivant. Voici une recette simple et efficace pour raviver le respect que vous devez à votre corps, l'autel de votre amour.

Méthode

Apprécier un objet, c'est lui accorder une grande estime, c'est savoir en tenir compte. Nous pouvons appliquer à nous-mêmes ce processus d'appréciation pour réapprendre à nous estimer. Chacun de nos sens est un don incroyable, de même que la moindre partie de notre corps. Avec un peu d'huile d'olive parfumée de quelques gouttes d'encens et de myrrhe, nous pouvons nous croire des êtres élus, tout comme le roi de France était celui de Dieu une fois qu'il avait reçu les saintes huiles. Enduisez-vous tout le corps de cette potion, de la tête jusqu'au bout des pieds, en rendant hommage à chaque partie de votre corps. Quand vous aurez fini, vous vous traiterez avec tous les égards qui vous sont dus. Mais surtout : vous aurez noué des liens intimes avec votre tout(e) nouveau(elle) meilleur(e) ami(e), vous-même.

Entrez ici dans
l'antre de l'amour

LE SANCTUAIRE INTIME

Attirez et séduisez votre amour dans votre sanctuaire intime et sensuel.

IL VOUS FAUT

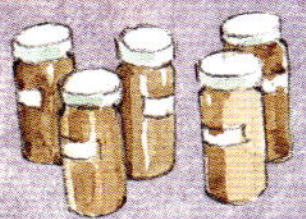

Des huiles essentielles de néroli, d'absolu de rose, d'absolu de jasmin, de bois de santal, d'ylang-ylang

Un encensoir

Votre chambre est le théâtre de vos amours. C'est là que vous invitez la personne que vous aimez à partager vos plaisirs les plus intimes. Cette pièce tout entière se doit donc d'exprimer les nuances de votre amour et de votre désir. L'art de la séduction consiste à mêler à la perfection les nuances de lumière, de chaleur et de parfum qui créent l'ambiance idéale. Les couleurs riches et sombres et les tissus lourds et soyeux créent une atmosphère sensuelle. Quelques fleurs fraîches peuvent mettre une note de beauté et de vie. Rien ne saurait mieux inviter aux joies de l'amour qu'un grand lit confortable paré de draps et de couvertures raffinés. Si vous ne possédez pas un grand lit, vous pouvez très bien vous contenter d'un futon ou d'un matelas recouvert de satin ou de velours ou de coussins doux et luxueux. Et n'oubliez pas le sol : un tapis voluptueux et somptueux peut donner une nouvelle dimension à vos choix érotiques. L'air de la pièce devrait être frais, mais délicatement parfumé. Pour composer une senteur douce et sensuelle, essayez ce mélange langoureux d'huiles essentielles.

MÉTHODE

Mélangez 2 gouttes de néroli, 3 gouttes de rose, autant de jasmin et de bois de santal, et 4 gouttes d'ylang-ylang. Versez un peu d'eau dans le mélange et placez-le dans un encensoir. Les parfums, en se mariant et en s'évaporant, vont répandre un air de séduction dans toute la pièce.

Le temple le plus puissant

Il m'aime beaucoup...

Le folklore européen a toujours fait appel à toutes sortes de plantes et de fleurs qui devaient aider ou servir d'oracles dans les affaires de cœur. Nous connaissons tous le baiser sous la boule de gui, le jour de l'an, qui permettait aux jeunes gens d'exprimer en public leur affection pour une jeune fille sans causer de scandale. Aujourd'hui encore, tous les enfants connaissent le jeu de la marguerite dont on arrache un à un les pétales en récitant : « Il (ou elle) m'aime un peu, beaucoup, passionnément, à la folie, pas du tout… »

UN PEU,

Les fleurs de l'amour

Les fleurs qui permettent de deviner l'affection que nous porte telle personne que nous aimons sont la primevère, le sedum, la campanule et le coquelicot. Autrefois, une jeune fille plaçait une primevère contre son cœur en espérant qu'elle resterait fraîche. Si la fleur se fanait, elle savait que son amoureux était infidèle. Le sedum permet lui aussi de prononcer des oracles de la même manière dans les affaires d'amour. Le jour de la Saint-Jean, une jeune fille qui voulait connaître les sentiments de son amoureux cueillait deux orpins et les plaçait sur une planche de bois. Si les fleurs s'épanouissaient, tout allait pour le mieux. Mais attention : si elles se fanaient, elles annonçaient des peines de cœur. Si vous pouvez retourner comme un gant la fleur de campanule, sans la rompre, votre amoureux(se) est fidèle, mais vous êtes prévenu(e) : c'est très difficile à faire ! Pour savoir si vous êtes aimé(e), écrasez des pétales de coquelicot dans votre main. Si elles craquent, c'est bon signe.

Pour les filles à marier

Les filles qui désirent savoir si elles feront un bon mariage doivent ramasser un peu de millepertuis de bon matin le jour de la Saint-Jean. S'il est encore frais le lendemain, il y a de fortes chances que leur mariage soit avantageux. Le romarin occupe lui aussi une place particulière dans les rites nuptiaux. Il était de coutume que la future mariée offre, à l'église, un bouquet de romarin noué par un ruban à son fiancé. De plus, elle mettait un brin de romarin dans son bouquet, que les demoiselles d'honneur étaient chargées de planter dans le jardin de sa nouvelle demeure. Si la plante fleurissait, elle donnait de quoi composer les bouquets de mariée des filles nées de ce mariage.

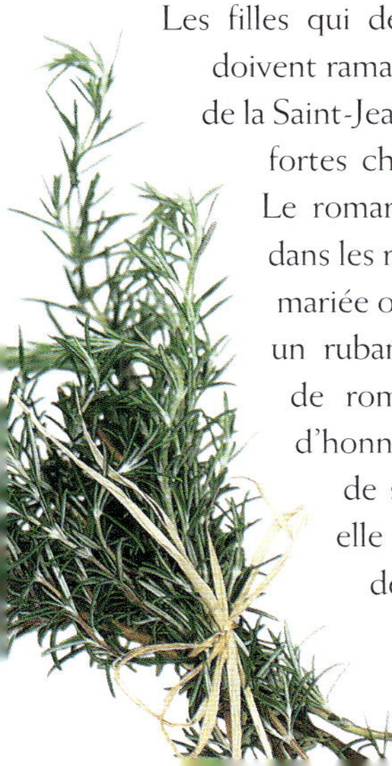

chapitre deux

LES SECRETS D'APHRODITE

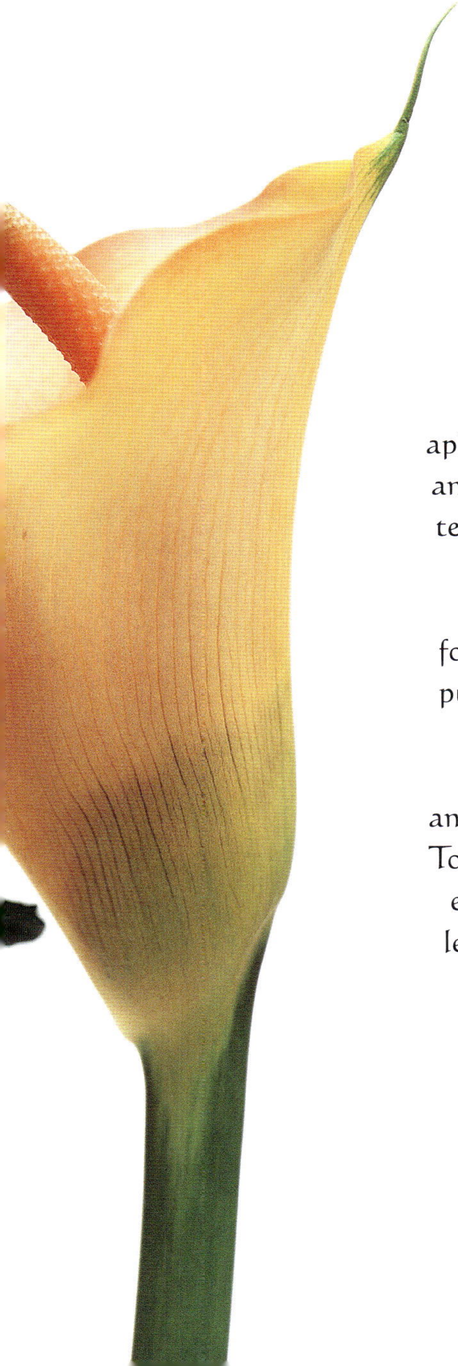

L'usage d'herbes et de fleurs exotiques pour composer des aphrodisiaques est une tradition aussi ancienne qu'universelle. Les aliments tels que les huîtres et les figues nous en fournissent une autre source. Certains aphrodisiaques ont des formes suggestives, d'autres sont de puissants symboles ; certains encore possèdent de réels pouvoirs. La plupart des aphrodisiaques sont ancrés dans le folklore et les légendes. Tous les aphrodisiaques nous aident à explorer les plaisirs de l'amour et à leur consacrer toute notre attention.

SALADE DE FRUITS

Une somptueuse salade regorgeant de fruits sensuels et délicieux.

IL VOUS FAUT

Un choix de vos fruits préférés

Une moitié de citron vert

Du sucre

Du yaourt au lait de chèvre (ou de brebis)

Du miel épais et transparent

Des pignons

Les fruits mûrs et juteux ont toujours eu une connotation sexuelle. C'est avec une pomme qu'Ève a tenté Adam. Bien d'autres fruits sont des symboles érotiques comme les pêches, les figues fraîches, les bananes, les cerises et les mangues. Beaucoup de ces fruits contiennent une proportion assez importante de phényléthylamine, l'hormone du plaisir que nous produisons pendant l'amour. Les mangues, avec leur texture et leur saveur fabuleuses, sont considérées comme aphrodisiaques. Les bananes sont phalliques, tandis que les figues rappellent le sexe féminin. Éros et Vénus se distraient en regardant l'être aimé manger un fruit pulpeux, en se passant une cerise de bouche à bouche, ou en échangeant des baisers parfumés à la pêche ou à la mangue. Afin d'associer ensemble tous les plaisirs des fruits, le mieux est de composer une salade de vos fruits préférés. Voici une recette remarquable faisant appel à du miel, des pignons et du yaourt, ingrédients tous célébrés dans *Le Jardin parfumé*, le célèbre manuel d'amour des Arabes.

MÉTHODE

Coupez les fruits que vous avez choisis en morceaux ou en tranches. Ajoutez le jus d'une moitié de citron vert et mélangez dans un saladier. Saupoudrez légèrement de sucre et laissez reposer au frais pendant au moins 1 heure, 2 de préférence. Le sucre fera juter les fruits. Ajoutez autant de yaourt que vous le souhaitez, arrosez d'un peu de miel épais et transparent sur le tout et couronnez d'une poignée de pignons. Savourez.

Damiana

Une puissante potion pour guérir la frigidité et faire fondre le cœur de celui (celle) que vous aimez.

Il vous faut

Une cuil. à soupe de feuilles de damiana

Une cuil. à soupe de baies de sabal en poudre

Une cuil. à soupe d'avoine sauvage

Une cuil. à soupe de miel

1/2 l d'eau

Le damiana est un joli arbuste à fleurs qui pousse au Mexique. Il doit son nom à saint Damien, patron des pharmaciens. Les peuples précolombiens du Mexique, dont les Mayas et les Aztèques, l'utilisaient comme aphrodisiaque. On s'en servait traditionnellement pour lutter contre la frigidité chez les femmes et l'impuissance chez les hommes, puisqu'il stimule les organes reproducteurs des deux sexes. Certains groupes occultes, adeptes du tantrisme qui connut une grande vogue vers la fin du XIXe siècle, s'en servirent aussi dans leurs rites sexuels magiques. Pour obtenir les meilleurs résultats possibles, prenez du damiana avec modération pendant une période prolongée – au moins deux mois. Ensuite, prenez-en seulement pendant la lune croissante. Résistez à la tentation d'augmenter la quantité de damiana, des doses excessives étant dangereuses pour le foie. Il se consomme en tisane. La recette suivante convient aussi bien aux hommes qu'aux femmes.

Méthode

Placez les feuilles de damiana, les baies de sabal et l'avoine sauvage dans une casserole. Versez l'eau et le miel, puis portez à ébullition. Couvrez et laissez mijoter doucement 5 minutes. Versez le liquide dans trois verres, et buvez-en matin, midi et soir.

L'Arbre de la Chasteté

Pour réveiller vos passions et stimuler votre amour.

Il vous faut

Une cuil. à café de baies de gattilier

Du miel (au choix)

Le gattilier, « arbre de la chasteté » dans certaines langues, est un arbuste aromatique aux jolies feuilles palmées couvert d'épis de fleurs mauves et odorantes. Les petites baies qui ressemblent à des grains de poivre ont la réputation aussi bien de stimuler que d'endormir le désir charnel. Le grand médecin grec Dioscoride raconte que pendant les fêtes grecques connues sous le nom de Thesmophoria, au cours desquelles les femmes se révoltaient contre les hommes, les épouses parsemaient leur lit de baies de gattilier pour décourager leur mari. Dans le même esprit, les prêtresses de la Grèce et de la Rome antiques consommaient ces baies pour éviter d'éprouver tout désir charnel. Il semblerait en fait que ces baies ont un effet diamétralement opposé sur les femmes. Dans les pays d'Europe méridionale dont cet arbuste est originaire, les baies de gattilier ont même depuis longtemps la réputation d'être des aphrodisiaques pour les femmes. Il semble que la plante remédie aux déséquilibres hormonaux et maintienne la libido à son niveau idéal. Vous pouvez consommer des baies de gattilier, mais avec la plus grande modération, car, à hautes doses, elles provoquent des troubles nerveux.

Méthode

Versez de l'eau bouillante sur la cuillerée à café de baies de gattilier. Laissez macérer 10 à 15 minutes. Buvez avec du miel, si vous le souhaitez, dès le lever et deux fois dans la journée. Ce breuvage est agréablement âcre, avec un goût doux-amer.

SALSEPAREILLE

Un délicieux et rafraîchissant tonique qui vous aidera à gagner le cœur de celui (celle) que vous désirez.

IL VOUS FAUT

30 g de salsepareille

30 g de sassafras
30 g de ginseng
3 l d'eau
225 g de miel ou de sucre
1 à 2 cuil. à café de levure de bière ou de boulanger
Quelques bouteilles
Des capsules ou des bouchons

Les Indiens d'Amérique utilisent les racines de salsepareille depuis des siècles pour en tirer des toniques contre les états de fatigue générale, mais aussi pour améliorer leurs performances sexuelles. La salsepareille contient d'importantes hormones sexuelles, dont la testostérone et la progestérone, mais aussi d'autres substances chimiques qui favorisent l'action de ces hormones. Il existe plusieurs variétés de salsepareille, celle ayant des racines d'un rouge orange foncé étant considérée comme la plus efficace. Pour profiter de ces bienfaits, vous pouvez concocter une sorte de bière avec du sassafras et du ginseng. Les Indiens d'Amérique du Nord considèrent le sassafras comme un arbre sacré, qu'ils vénèrent plus particulièrement pour ses propriétés érotiques. Ici, il renforce les effets revigorants de la salsepareille et offre son goût agréable, tandis que le ginseng décuple les propriétés tonifiantes de cette boisson.

MÉTHODE

Faites bouillir la salsepareille, le sassafras et le ginseng ensemble dans de l'eau pendant 20 minutes. Filtrez le liquide, puis ajoutez le miel ou le sucre et laissez refroidir. Incorporez la levure de bière ou de boulanger, couvrez et laissez reposer dans une pièce chaude. Au bout de 2 heures, de petites bulles se forment, signe que la fermentation a commencé. Décantez dans des bouteilles, puis bouchez hermétiquement. Conservez au frais ou au réfrigérateur. Attendez 1 jour avant de consommer cette potion.

Salade Amoureuse

*Une sélection de légumes
aux pouvoirs érotiques.*

Il vous faut

Une sélection de légumes pour salade
De la vinaigrette

Quelques feuilles de basilic frais
Du pain frotté à l'ail

Du fromage de chèvre
Des pignons grillés

Des branches de céleri entières

Beaucoup d'amoureux voient dans le partage d'un repas une expérience érotique. Ce n'est donc pas étonnant si bien des rendez-vous galants comportent en général un bon repas en prélude à d'autres plaisirs ! Tous les légumes contiennent des vitamines et des sels minéraux. Excellentes sources d'énergie naturelle, ils nous permettent de vite reconstituer nos forces. Par ailleurs, beaucoup de légumes ont la réputation d'éveiller la libido, soit par leur forme suggestive, soit par leurs qualités chimiques. Le fenouil, en particulier, est un stimulant érotique, et pas seulement à cause de sa forme voluptueuse. Les avocats, les artichauts, la laitue, les endives, les poireaux, les tomates, les oignons et l'ail ont la réputation de nous mettre dans de bonnes dispositions, et le céleri pourrait même stimuler la production d'hormones sexuelles. Tous les haricots ont une réputation « torride », de même que les champignons – les truffes en particulier. Ces aliments érotiques doivent être consommés en salade, c'est-à-dire crus, si l'on veut bénéficier de toutes leurs propriétés.

Méthode

Préparez une sélection de vos légumes préférés et mélangez-les dans un saladier avec la vinaigrette. Ajoutez certains (ou tous) des ingrédients érotiques suivants : basilic frais, fromage de chèvre en cubes ou en miettes et pignons grillés. Servez avec du pain frotté à l'ail et des branches de céleri entières. N'oubliez pas de commenter les attributs des différents ingrédients avec vos convives.

Le secret d'une potion torride

LE YIN YANG HUO

Une antique plante chinoise aux extraordinaires pouvoirs aphrodisiaques.

Il vous faut

60 g de yin yang huo

Un verre de tequila blanche

Un mortier et un pilon

Un bocal en verre

Une bouteille en verre fumé

Issu de la médecine traditionnelle chinoise, le *Huang Ti Nei Qing Su Wen* est le manuel le plus ancien du monde, puisqu'il date – du moins en partie – de la dynastie des Shang (1765-1066 av. J.-C.). Cet ouvrage donne la liste de milliers de plantes et de recettes différentes. Pendant des siècles, le secret de l'épimède, autre appellation du yin yang huo, fut jalousement gardé. Cette herbe des montagnes est considérée comme l'un des plus puissants aphrodisiaques d'origine végétale. Actuellement, des chercheurs occidentaux la soumettent à des tests pour déterminer ses propriétés curatives en cas d'impotence, de frigidité, d'incontinence, de pertes de mémoire et de règles irrégulières associées à l'hypertension. Vous pouvez vous procurer cette herbe séchée dans des magasins chinois. Pour profiter au mieux de ses qualités, utilisez-la un mardi, de préférence pendant la lune croissante. Voici donc une recette de potion à base d'épimède.

Méthode

Broyez finement quelques graines de yin yang huo, placez la poudre obtenue dans un bocal en verre et recouvrez de tequila blanche. Laissez reposer dans un endroit chaud et sombre pendant 2 semaines. Filtrez et versez dans une bouteille en verre fumé. Chaque jour, prenez sept gouttes de ce tonifiant avec un peu d'eau chaude. Ne prolongez pas la consommation de ce breuvage au-delà d'un mois. Comme toute préparation à base d'alcool ou de plante, il est dangereux d'en user régulièrement.

Boules au Chocolat

Un dessert délectable agrémenté d'un zeste d'érotisme.

Il vous faut

90 g de chocolat

30 g de sucre roux

90 g de miel

225 g de farine

Une pincée de noix muscade

Une pincée de cannelle

Une cuil. à café de gingembre moulu

Une cuil. à café de bicarbonate de soude

Une cuil. à soupe d'eau tiède

15 g de gingembre haché, confit ou frais

15 g de pignons hachés

Depuis le jour où les conquistadores l'ont ramené du Mexique, le chocolat est devenu l'un des aliments érotiques les plus appréciés au monde. Les Aztèques se passionnaient pour la culture du chocolat depuis des temps immémoriaux. Jusqu'à une date assez récente, la science moderne refusait de reconnaître les qualités aphrodisiaques du chocolat. Puis des études menées à l'Institut psychiatrique de l'État de New York ont prouvé que le chocolat contient du phényléthylamine, une hormone du plaisir produite durant les rapports sexuels. Il est vrai qu'il faudrait en manger de grandes quantités avant que les effets aphrodisiaques se manifestent. Voici une recette qui favorisera vos succès en amour, en associant au chocolat d'autres ingrédients connus pour leurs effets sur la libido.

Méthode

Mettez le chocolat, le sucre roux et le miel dans une casserole et laissez fondre à feu très doux. Tamisez la farine, la noix muscade, la cannelle et le gingembre moulu dans un saladier. Ajoutez le bicarbonate de soude dilué dans de l'eau tiède, le chocolat fondu, le gingembre et les pignons. Mélangez bien, puis formez environ vingt-quatre petites boules. Placez-les sur une plaque allant au four que vous aurez beurrée au préalable, en espaçant les boules pour qu'elles puissent gonfler. Cuisez au four à 180 °C pendant 15 minutes. Quand les boules sont refroidies, rangez-les dans une boîte munie d'un couvercle… si vous avez la patience d'attendre !

Charme scellé

Yohimbehe

L'un des plus puissants aphrodisiaques au monde vous ouvre les portes de l'empire des sens.

Il vous faut

1/2 cuil. à café d'écorce de yohimbehe

1/2 cuil. à café de ginseng

25 cl d'eau de source

4 citrons verts

1 cuil. à soupe de miel

Le yohimbehe est un grand arbre à feuillage persistant qui pousse dans l'ouest de l'Afrique. Pendant des siècles, les tribus bantoues de cette région ont utilisé l'écorce de yohimbehe comme aphrodisiaque, notamment au cours de cérémonies nuptiales. Le yohimbehe est l'unique végétal considéré comme un véritable aphrodisiaque par le monde médical orthodoxe. Il a un effet vasodilatateur sur les zones érogènes, où il maintient le sang en place. Mais attention, avec le yohimbehe des précautions s'imposent. Son action dure assez longtemps, de deux à quatre heures en général. Il empêche de dormir. De plus, sa consommation a des effets secondaires : nausées, hypertension et hallucinations. Il est donc rigoureusement proscrit pour les personnes souffrant de problèmes circulatoires et d'hypertension, de diabète, d'ulcères et relatifs aux reins. De même, n'en faites pas usage si vous suivez un traitement médical. Il est également déconseillé d'en consommer en association avec de l'alcool, du foie ou du fromage. Ces précautions étant prises, voici un philtre d'amour efficace.

Méthode

Mettez l'écorce de yohimbehe et le ginseng dans une casserole. Faites bouillir l'eau de source, puis versez-la dans la casserole, avec le miel et le jus des citrons. Laissez bouillir jusqu'à ce que le liquide se soit évaporé de moitié. Laissez refroidir, puis rajoutez du miel selon votre goût.

AETHIOPISCHES
BUSEN VON

De délicieuses petites brioches

Rondeurs Gourmandes

Des petites douceurs aussi rondes qu'évocatrices.

Il vous faut

925 g de farine

90 g de sucre en poudre

30 g de levain

125 g de lait de chèvre tiède

4 cuil. à soupe d'eau

Une cuil. à café de sel

Une cuil. à café d'épices mélangées (gingembre, noix muscade, coriandre)

1/2 cuil. à café de cannelle

225 g de raisins secs

60 g de pignons

60 g de beurre

Un œuf battu

Diverses épices connues pour agir sur les sens entrent dans la composition de cette recette. Mélangez les ingrédients avec vos mains, en pensant à l'objet de vos désirs, tout en prononçant un souhait ou en faisant un vœu.

Méthode

Tamisez 125 g de farine dans un saladier et ajoutez 1 cuil. à café de sucre en poudre. Diluez le levain dans le lait de chèvre et l'eau, et versez-le dans le saladier. Mélangez bien et laissez reposer 20 à 30 minutes. Pendant ce temps, tamisez 800 g de farine dans un autre bol, puis ajoutez le sel, les épices mélangées et la cannelle. Ajoutez 60 g de sucre en poudre, les raisins secs et les pignons. Mélangez légèrement. Incorporez le mélange à la préparation à base de levain, avec le beurre et l'œuf. Malaxez jusqu'à ce que la pâte se détache des bords du bol. Posez la boule de pâte sur une planche farinée et pétrissez-la pendant 5 minutes. Tout en pétrissant la pâte, pensez à lui insuffler vos souhaits. Couvrez la pâte et laissez monter jusqu'à ce qu'elle ait doublé de volume. Imaginez qu'elle se gonfle de vos désirs. Abaissez-la sur une planche farinée propre. Pétrissez-la légèrement et divisez-la en douze boules. Posez-les bien à distance les unes des autres sur une plaque légèrement beurrée et farinée. Couvrez et laissez monter 30 minutes. Cuisez au four (220 °C) pendant 20 à 25 minutes. Laisser refroidir. Offrez une brioche à celui (celle) que vous désirez.

Muira Puama

Un tonique puissant pour vous préparer à l'amour.

Il vous faut

60 g de muira puama

1/2 l de jus de fruits

225 g de miel

Une bouteille en verre

Le muira puama est un petit arbuste qui pousse principalement dans la partie brésilienne de l'Amazonie. Les tribus indigènes se servent de ses racines et de son écorce pour préparer un thé qui soigne les faiblesses sexuelles et l'impotence, les problèmes neuromusculaires, les rhumatismes – et qui prévient même la calvitie. Les premiers explorateurs européens, ayant remarqué ses qualités aphrodisiaques, en rapportèrent en Europe. Aujourd'hui, on utilise dans le monde entier cette plante qui devient de plus en plus populaire, notamment aux États-Unis où les herboristes et les thérapeutes s'en servent pour lutter contre l'impotence, les douleurs menstruelles et le syndrome prémenstruel, la neurasthénie et les problèmes du système nerveux. Selon deux récentes études, le muira puama stimule la libido. Pour profiter pleinement de ses effets, préparez-le soigneusement, car les huiles et les résines que l'on trouve dans la racine et l'écorce ne sont pas faciles à digérer. Voici la meilleure manière de consommer ce végétal.

Méthode

Placez le muira puama dans une casserole munie d'un couvercle fermant hermétiquement. Versez dessus le jus de fruit. Couvrez et portez lentement à ébullition, mais sans laisser bouillir ; laissez infuser 20 minutes. Laissez refroidir. Filtrez et versez dans une bouteille en verre. Prenez-en 3 cuil. à soupe trois fois par jour, ou une bonne rasade une heure ou deux avant une joute amoureuse.

Paella Puella

Venu d'Espagne, un plat sensuel ayant la saveur de la mer.

Il vous faut

3 cuil. à soupe d'huile d'olive
Une gousse d'ail hachée
Une pincée de safran
Un oignon haché
125 g de calamars
2 petites tomates pelées en quartiers
225 g de riz long grain
25 cl de bouillon de poisson
8 pointes d'asperges
Une queue de langouste, du poisson blanc coupé en morceaux
Une poignée de crevettes roses
3 huîtres ouvertes
Une poignée de moules
Persil ou coriandre

La paella est un plat espagnol à base de riz qui a conquis le monde entier. Nous la trouvons délicieuse dans toutes ses versions, mais l'une des raisons de sa popularité est peut-être due à ses ingrédients, réputés pour stimuler ou améliorer la libido. Cette recette, une variante de la « paella valenciana », contient des fruits de mer – ces créatures « sorties de l'écume » comme Aphrodite elle-même. Le plat doit son nom à la poêle à deux poignées dans laquelle le riz est cuit et servi. *Puella* signifie jeune fille en latin.

Méthode

Chauffez l'huile d'olive dans une grande poêle à frire et ajoutez l'ail, puis l'oignon et les calamars. Quand l'oignon est translucide, jetez les tomates. Versez le riz en mélangeant et laissez cuire doucement 5 minutes. Recouvrez du bouillon de poisson bien assaisonné, que vous aurez relevé d'une pincée de safran. Ajoutez les pointes d'asperges. Poursuivez la cuisson 5 minutes, puis ajoutez la queue de langouste, le poisson blanc, les crevettes, les huîtres et les moules. Faites bouillir à feu vif 5 minutes, puis laissez mijoter jusqu'à ce que le riz soit humide, mais non pâteux. Rajoutez du bouillon si nécessaire. Passez la paella au four pendant quelques minutes à 200 °C. Avant de servir, décorez de persil haché ou de coriandre.

Petites baies, Grands effets

Pour éveiller vos sens et votre vigueur.

Il vous faut

30 g de baies de sabal broyées

30 g de ginseng

Un verre de cognac

Une bouteille en verre fumé

Le sabal est un petit palmier qui pousse aux États-Unis sur la côte Atlantique et dans le golfe du Mexique. La médecine chinoise traditionnelle attribue aux baies de sabal un pouvoir tonifiant pour le yang et le yin, qui permet d'équilibrer la production hormonale chez les hommes et les femmes. Depuis quelque temps, le sabal a acquis une excellente réputation en tant que remède contre les problèmes de prostate. Les phytothérapeutes pensent d'ailleurs que les hommes âgés de plus de quarante ans feraient bien de prendre régulièrement du sabal pour protéger et soutenir l'action de cet organe. Le sabal est aussi, parmi les plantes qui agissent directement sur les organes de la reproduction, l'une des plus utiles. Ses baies peuvent stimuler la libido et aider à surmonter l'impotence et la frigidité. On peut l'associer à d'autres herbes telles que la prêle et l'échinacée contre les problèmes de prostate, le damiana pour obtenir un aphrodisiaque, et le muira puama, avec lequel il fournit un tonifiant à long terme pour la libido. Voici une recette pour rester en excellente condition physique et amoureuse.

Méthode

Versez sur les baies de sabal et le ginseng un verre de cognac, de préférence pendant la nouvelle lune. Couvrez et laissez reposer au chaud et à l'abri de la lumière pendant 2 semaines. Filtrez et versez dans une bouteille en verre fumé. Chaque jour prenez 7 gouttes de cette préparation, diluées dans de l'eau. Ne prolongez pas la consommation au-delà d'un mois. Cela nuirait à votre santé.

Le Bonheur dans le Pré

*Buvez ce tonique excitant,
vous apprécierez ses effets.*

Il vous faut

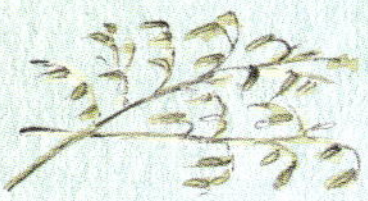

De l'avoine sauvage verte

Une centrifugeuse

De l'eau chaude

L'avoine sauvage est un puissant tonique amoureux. En stimulant notre production d'hormones sexuelles, elle réveille nos désirs les plus fous. Les hommes aussi bien que les femmes constatent une augmentation du désir, des sensations et des performances. Vous pouvez très bien combiner l'avoine sauvage avec d'autres tonifiants sexuels comme le sabal, le damiana et le muira puama. Vous en trouverez sans problème chez les nutritionnistes sous le nom *avena sativa* (nom latin de l'avoine), dont vous pouvez prendre des compléments tous les jours. Évidemment, l'idéal serait que vous la ramassiez dans les prés, car son effet est décuplé lorsqu'elle est fraîche.

Méthode

Vous pouvez cueillir de l'avoine sauvage n'importe où, à condition que ce ne soit pas trop près d'une source de pollution. Mieux vaut la cueillir du printemps jusqu'au début de l'été, tant qu'elle est verte et pleine de sève laiteuse. Mettez les graines dans une centrifugeuse et buvez 6 cuil. à soupe du jus une à deux fois par jour. Vous pouvez le conserver au réfrigérateur 3 à 4 jours. À chaque fois que vous extrayez du jus d'avoine, recueillez le résidu dans la centrifugeuse, recouvrez-le d'eau chaude et laissez reposer quelques jours. Filtrez et gardez la potion verte. Au bout de trois extractions, elle devient tout à fait puissante et peut remplacer le jus. Prenez-en une cuillère à soupe deux à trois fois par jour.

DES OCÉANS D

Vénus (ou Aphrodite dans la mythologie grecque), guide et inspiratrice de tous les amoureux, serait sortie des eaux dans sa glorieuse nudité. À cause de ce mythe, nous avons toujours considéré l'océan comme le symbole parfait, mais aussi la source, de tout amour et de tout désir.

AMOUR

Huîtres et autres fruits de mer

De toutes les créatures de la mer, les huîtres sont les aphrodisiaques les plus réputés. L'aspect érotique de l'huître crue sur sa moitié de coquille, son goût frais et salé la rendent tout à fait suggestive, tandis que grâce à l'abondance de ses protéines et sels minéraux, elle satisfait un appétit tout en éveillant un autre. Casanova, l'amant par excellence, se faisait une très haute idée des pouvoirs galants de l'huître puisqu'il en aurait consommé une cinquantaine lors de certains petits déjeuners, tout en se baignant avec ses amies. Plusieurs autres fruits de mer, dont les coques, les palourdes, les coquilles Saint-Jacques et la moule, aux formes suggestives, sont aussi des aphrodisiaques reconnus.

Poissons et fugu

Tous les œufs de poisson ont une excellente réputation d'aphrodisiaque. Les œufs d'oursins frais sont délicieux et très appréciés, de même, bien sûr, que le caviar. D'une manière générale, tous les poissons sermblent favoriser les dispositions amoureuses. L'anchois, l'anguille, le flétan, le maquereau, le carrelet, le saumon et la raie sont particulièrement connus pour leur efficacité dans ce domaine. Le plus sulfureux de tous les aphrodisiaques livrés par l'océan est sans doute le fugu, ce type de poisson-globe dont les Japonais font des folies. Les viscères de ce poisson contiennent un poison violent, aussi les cuisiniers qui les préparent doivent-ils suivre une formation de plusieurs années avant d'obtenir la permission de servir ce mets aussi délicat que dangereux.

Vous priver des fruits de la mer équivaudrait à fuir certains des plaisirs les plus délicieux de l'amour. Goûtez les effets qu'ils produisent sur votre organisme et soyez sûr(e) que Vénus vous approuvera.

chapitre trois

LE JARDIN

Le sens de l'odorat et la sécrétion de certaines odeurs sont des aspects essentiels des jeux amoureux chez tous les animaux, et nous autres humains n'y faisons pas exception. Les fleurs, qui nous attirent grâce à leur parfum et à leur beauté, sont devenues chez les poètes et les artistes la principale métaphore de l'amour. Les épices exotiques nous intriguent aussi et nous émerveillent par leur odeur et leur goût. Nous apprenons ici à quel point les trésors de la nature peuvent agir sur nous en profondeur.

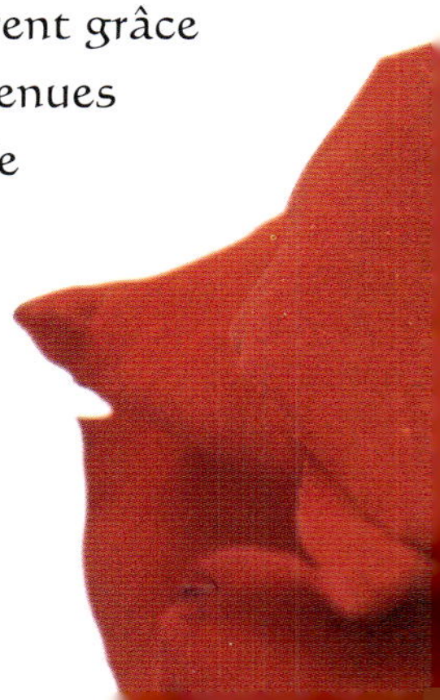

DES SENTEURS

Myrrhe et Encens

Une lotion voluptueuse pour rajeunir votre corps et votre âme.

Il vous faut

2 cuil. à café d'huile d'onagre

4 cuil. à café d'huile de pépins de raisin

Des huiles essentielles d'encens, de myrrhe et d'absolu de rose

Une bouteille en verre fumé

La myrrhe et l'encens sont toutes deux des résines aromatiques produites par de robustes petits arbres qui poussent dans les déserts d'Arabie. Avec l'or, ils ont de tout temps été considérés comme des cadeaux dignes des dieux et des monarques. Les textes de l'Antiquité égyptienne et grecque et de la Bible, qui ont été écrits il y a 6 000 ans, signalent leur utilisation en médecine, mais aussi dans des rites religieux et magiques. Le Seigneur ordonne notamment à Moïse de ne pas s'approcher du tabernacle tant qu'il n'a pas enduit son corps d'huiles saintes, et il nomme en premier la myrrhe et l'encens. De nos jours encore, tous deux servent à nettoyer, purifier et protéger. Ils entrent également dans la composition de philtres d'amour, l'odeur de l'encens étant connue depuis longtemps pour son effet aphrodisiaque sur les hommes. C'est en cosmétique, cependant, que ces précieuses résines trouvent un nouvel emploi très particulier : elles semblent en mesure de rajeunir la peau, de raviver le teint et d'effacer les petites rides. Voici un délicieux élixir de jouvence que Cléopâtre elle-même vous envierait.

Méthode

Mélangez les huiles d'onagre et de pépins de raisin avec 5 gouttes d'huiles essentielles d'encens, autant de myrrhe et d'absolu de rose. Appliquez cette potion de nuit sur votre visage, et massez-vous voluptueusement. La potion fait également des merveilles sur tout le corps si vous en enduisez votre peau encore mouillée. Si vous la conservez dans un flacon en verre fumé, elle se gardera 6 mois.

L'Amour, Toujours

Plantez ces fleurs, la semence de votre amour ne tarira jamais.

Il vous faut

Des pervenches, plantes ou graines

La jolie pervenche occupe une place particulière dans la botanique érotique. Déjà, dans l'Antiquité, on lui attribuait des vertus aphrodisiaques. Au Moyen Âge, l'alchimiste Albert Legrand, dans son *Livre des secrets*, conseillait une recette étrange composée de pervenches et de vers de terre, insistant sur le fait que ce plat « fait naître l'amour entre l'homme et son épouse s'ils en mangent pendant leurs repas ». 400 ans plus tard, Nicholas Culpepper lui fit écho en affirmant que « quand l'homme et la femme mangent ensemble des feuilles de pervenche, ils tombent amoureux l'un de l'autre ». Culpepper avait eu le bon goût d'omettre les vers de terre. Aujourd'hui, la pervenche occupe une place particulière en herboristerie : elle est tenue pour un excellent cicatrisant et un astringent de qualité. La pervenche tire son nom du latin *vincio*, « lier », et *perennis*, « pour toujours ». Ainsi cette fleur unit pour toujours l'homme et la femme, et c'est là son principal intérêt en magie. Voici comment former un couple heureux et rester unis jusqu'à la fin des temps.

Méthode

La pervenche est une jolie fleur bleue tirant sur le mauve. Ses belles feuilles vert brillant étant persistantes, elles ne tombent pas en hiver. Elle est très appréciée pour couvrir les sols des jardins. Si un couple veut s'assurer une vie commune longue et heureuse, il n'a qu'à planter des pervenches dans son jardin (ou sur son balcon).

Incantation de la Princesse Persane

*Ce rituel venu du harem séduira le cœur,
le corps et l'âme de votre amant.*

Il vous faut

Diluez toujours ces huiles essentielles dans une proportion de 1/5 ou de 1/10 dans une base, dans de l'huile de pépins de raisin par exemple

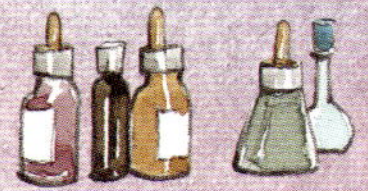

Des huiles essentielles de gardénia, de rose, de menthe, de patchouli et de lilas

Du miel
De l'ambre gris
Du lait d'amande douce
Du vétiver ou du musc (synthétique)

Ne vous livrez pas à cette incantation à la légère, les résultats étant en général irréversibles.

Méthode

Sur la tête de celle qui va choisir, une goutte de gardénia pour saisir le zéphyr et se faire porter vers celui qu'elle aimerait choisir.
Sur les paupières de celle qui va choisir, une goutte d'huile de rose pour séduire celui qu'elle aimerait choisir.
Sur ses lèvres, une goutte de miel pour adoucir la bouche de celui qu'elle aimerait choisir.
Sur sa langue, une goutte de menthe pour allumer la flamme dans les reins de celui qu'elle aimerait choisir.
Sur son cou, une goutte d'ambre gris pour faire monter la chaleur en celui qu'elle aimerait choisir.
Sur chaque sein, une goutte de lait d'amande pour nourrir celui qu'elle aimerait choisir.
Sur son ventre, une goutte de vétiver pour éveiller le désir de celui qu'elle aimerait choisir.
Sur son mont de Vénus, une goutte de patchouli pour libérer le serpent frissonnant en celui qu'elle aimerait choisir.
Sur les lèvres de sa fleur vierge, une goutte de lilas à lécher pour celui qu'elle aimerait choisir.
Car quand ces gouttes parfumées se seront fondues avec le lait de la passion de son amant, leur union en elle leur apportera les fruits du bonheur et de la longévité.

Incantation aux Fleurs

Un bouquet de fleurs pour attirer l'amant de vos rêves.

Il vous faut

6 roses rouges

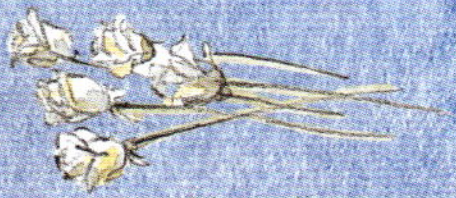

5 roses blanches

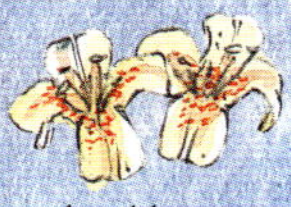

2 lis blancs

Un lis rouge

Un grand vase

Les fleurs, par leur grâce délicate, leur beauté, leurs parfums subtils, sont des symboles de la féminité. Elles se servent de leurs charmes pour attirer les abeilles qui vont se charger de la propagation des graines. À cet égard, elles symbolisent la séduction et la fertilité. Certaines fleurs sont associées à l'amour et aux sentiments, comme les roses, les lis et les orchidées. Les roses sont sans doute le symbole le plus fréquent de l'amour. Les roses rouges suggèrent l'amour passionné et romantique, les roses roses révèlent l'affection et les roses blanches sont les emblèmes de l'amour pur et idéalisé. Le lis, qui symbolise en général la pureté et la virginité, est la fleur sacrée de toutes les divinités vierges, mais le lis blanc, avec son stigma phallique, évoque le sexe et la fécondité. Les orchidées incarnent l'amour, l'harmonie, le raffinement, la beauté et la féminité. Voici une incantation à base de fleurs pour exprimer que vous êtes disponible, mais que vous recherchez le véritable amour et le respect.

Méthode

Disposez dans un grand vase les roses rouges, représentatives de l'homme et de la passion, et les roses blanches, évoquant la femme et l'amour pur. Sur les côtés, placez les lis blancs pour obtenir la protection des divinités vierges. Piquez à l'arrière un magnifique lis rouge, pour mettre votre partenaire au défi de vous aimer comme vous le méritez.

Breuvages torrides

Mettez un peu de piment dans votre vie amoureuse avec ces deux délicieuses boissons pleines de bonnes choses.

Il vous faut

De la glace au chocolat
Du lait
De la sauce au chocolat

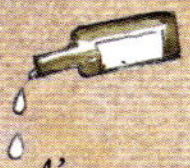

De l'essence de cannelle
Une cuil. à café de coriandre moulue
Une cuil. à café de gingembre moulu
Du poivre noir frais

Une poignée de fraises, des bois de préférence
De la glace à la fraise
Un mixer

Les épices aujourd'hui utilisées pour leurs vertus culinaires ont été pendant des milliers d'années tout autant appréciées pour leurs propriétés médicinales. Le gingembre, par exemple, qui stimule la circulation, est aussi un aphrodisiaque réputé. La cannelle éveille le désir chez la femme. D'autres épices éveillent nos sens, comme l'anis, le clou de girofle, la cardamome, le cumin, la coriandre, les graines de fenouil, la noix muscade, le poivre et la vanille. Certaines épices sont idéales en été pour rafraîchir le corps et enflammer les passions. Utilisez ces épices sous forme d'essences, car elles se mélangent mieux au lait ; sinon, broyez les épices et laissez-les macérer dans du lait chaud quelques minutes avant de placer la préparation au frais.
Voici deux milk-shakes rafraîchissants et stimulants.

Méthode

Demoiselle à la cannelle

Mixez la glace au chocolat avec le lait, la sauce au chocolat et l'essence de cannelle. Ce milk-shake sera une fête des sens.

Vénus et Mars

Ce délicieux breuvage associe la coriandre et les fraises (représentant Vénus) au gingembre et au poivre noir (allusion à Mars), afin de sceller l'union des deux amants les plus passionnés de l'Olympe. Laissez reposer la coriandre et le gingembre moulus dans une tasse de lait chaud pendant 5 minutes. Réfrigérez 1 heure. Mixez les fraises avec le lait épicé, la glace à la fraise et le poivre noir.

Guirlande de fleurs

Célébrons simplement les émois du cœur.

Il vous faut

45 cm de lierre

Des fleurs

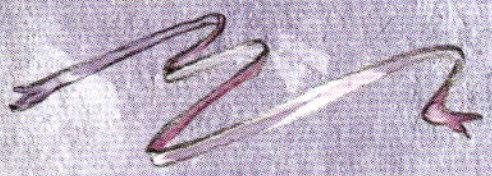

Des rubans ou du fil de fer

Un couteau aiguisé

Une pince à épiler

Autrefois, les jeunes filles portaient des guirlandes de fleurs pour exprimer leur désir d'amour.

Les fleurs et leurs significations

La sauge bleue dit : « Je pense à toi. »
Les marguerites expriment l'espoir d'un amour véritable.
Les pensées sauvages symbolisent le cœur touché par l'amour.
Les pervenches symbolisent les débuts d'une amitié.
La primevère représente l'amour naissant.
Les roses veulent dire « amour » dans toutes les langues. Les roses rouges évoquent l'amour passionné, les roses blanches, l'amour platonique, et le bouton de rose suggère l'innocence.
La sarriette commune fait penser au désir.
Les violettes représentent l'affection et la fidélité.

Méthode

Pour tresser une guirlande, coupez une tige de lierre jeune avec de petites feuilles. Avec un couteau aiguisé, faites de petites incisions dans la tige, juste assez grandes pour laisser passer les tiges des fleurs. Écartez la fente avec la pince à épiler et insérez les fleurs de votre choix, tout en prononçant un souhait. Renforcez la guirlande avec un ruban mince ou du fil de fer si nécessaire. Continuez à insérer autant de fleurs que vous voulez, puis nouez les deux extrémités avec du fil de fer ou du ruban, et placez votre guirlande sur votre tête avec précaution. Répétez trois fois votre incantation pour confirmer votre vœu.

Les Huiles douces de l'Âme

Excitant mélange d'huiles douces.

Il vous faut

Des huiles essentielles de gingembre, de cannelle, de clou de girofle et de lavande

Un encensoir

Les alchimistes croient que tout ce qui se manifeste dans l'univers émane de trois principes : l'âme, l'esprit et le corps. L'esprit est la force vitale, le corps, la forme matérielle, et l'âme, l'individualité ou l'essence d'un objet. Dans le monde végétal, le principe de l'âme d'une plante se situe dans son huile essentielle. Les arômes si caractéristiques de la cannelle, du jasmin ou de la lavande viennent tous de leurs huiles essentielles. Ces odeurs déclenchent en nous des réactions différentes : certaines nous calment, d'autres nous donnent de l'énergie. Les mécanismes qui déclenchent l'action des huiles essentielles sont subtils, mais pénétrants. Elles peuvent transformer votre humeur, et apporter de profondes modifications si vous les utilisez régulièrement. Le bain, l'encensoir ou les massages sont les meilleurs moyens de les utiliser. Les huiles essentielles étant extrêmement concentrées, vous ne devez jamais les appliquer directement sur votre peau mais les mélanger avec une huile de base douce comme l'huile d'amande, de pépins de raisin ou d'avocat. Voici un mélange que vous ne risquerez pas d'oublier.

Méthode

Remplissez à moitié d'eau la coupe à évaporation d'un encensoir et ajoutez 3 gouttes d'huile de gingembre et d'huile de cannelle, 1 goutte d'huile de clou de girofle et 2 gouttes d'huile de lavande. Allumez l'encensoir et placez-le dans votre chambre. N'oubliez pas de l'éteindre en vous couchant.

Bouquet de fleurs sauvages de la Passion

Rituel faisant appel aux pouvoirs amoureux de Vénus et Mars.

Il vous faut

Une sélection de fleurs de Vénus et de Mars

De petits vases ou pots

Du ruban, de la ficelle ou des élastiques

Vénus et Mars sont les divins amants célestes. La voluptueuse Vénus représente les aspects féminins de l'amour : affection, bien-être, plaisir. Mars, dieu plein de fougue, est son pendant masculin, homme passionné et guerrier aux instincts ardents. Par leur union, ils prouvent que les opposés s'attirent. En alchimie, ces corps planétaires divins régissent les plantes de l'amour. Beaucoup de ces plantes donnent des fleurs charmantes. Les fleurs de Vénus sont : l'ancolie, les primevères, les mauves, les lis, les roses, les orchidées, les pervenches, la brunelle, l'achillée, les violettes et les fleurs de cerisier. Les fleurs de Mars sont : l'hysope, les diverses anémones, les renoncules, le basilic, le chardon, le tabac, la linaire et le genêt.

Méthode

Effectuez un mélange de fleurs de Vénus et de Mars de taille similaire. Taillez les tiges et les feuilles, puis disposez les fleurs en petits bouquets dans une série de petits vases ou de pots. Placez-les dans les pièces où vous et votre amant(e) vous retrouvez, et en particulier dans la chambre à coucher. Vous pouvez aussi nouer les bouquets avec du ruban, de la ficelle ou des élastiques pour les offrir à celui (celle) que vous aimez. Vous pouvez utiliser toutes les fleurs ornementales que nous avons nommées, mais les variétés sauvages détiennent en général des pouvoirs plus forts.

Incantation amoureuse à la Mandragore

Plantez ces graines et regardez croître votre amour.

Il vous faut

Des graines de mandragore

Dans certaines parties du monde, les racines de la mandragore aux formes les plus suggestives sont conservées ou vendues comme poupées magiques ou comme charmes favorisant l'amour. Nous avons choisi l'espèce de l'Ancien Monde, la mandragore officinale à ne pas confondre avec la mandragore américaine. La mandragore est une plante trop rare pour que vous puissiez en cueillir, mais vous pouvez en acheter des graines. Avec des soins et de la patience, vous pouvez faire pousser votre propre mandragore et vous en servir pour une incantation amoureuse.

Méthode

Préparez une plate-bande d'au moins 85 cm x 85 cm. Plantez une graine unique à 2,5 cm de profondeur dans un sol bien humide. Entrez en relation avec la plante pendant qu'elle pousse. Honorez-la, respectez-la. Le mercredi le plus proche de la neuvième pleine lune suivant la plantation, avant le coucher du soleil, déterrez la racine avec beaucoup de précautions, en vous tenant face à l'Ouest. Ne retirez pas la racine avant le coucher du soleil. Rentrez-la chez vous et placez-la dans un bain tiède. Lavez-la avec beaucoup d'attention, rincez-la à l'eau froide et essuyez-la avec une serviette. Accrochez-la, les racines en bas, dans un endroit chaud et sec, à l'abri de la lumière directe du soleil. Laissez-la sécher. Si vous traitez votre mandragore comme un être doué d'intelligence, elle pourra vous aider à réaliser vos rêves d'amour et de fécondité.

Mon amour,
sois fidèle

Nigelle de Damas

Plantez cette fleur dans votre jardin et votre amant sera fidèle.

Il vous faut

Des graines ou des plants de nigelle de Damas

La nigelle a tout à fait sa place dans cet ouvrage. Les Anglais l'appellent d'ailleurs l'« amour dans la brume ». Il existe deux variétés de cette charmante plante au feuillage aérien, dont les fleurs semblent être des cages d'amour. La première, la nigelle de Damas, est une délicate fleur qui orne les jardins. Cette plante étant annuelle, semez des graines pour en avoir de nouveau au printemps. Sa jolie fleur bleu de cobalt est entourée d'une fine dentelle de feuilles qui contribuent à lui conférer un aspect un peu féerique. L'enveloppe qui entoure les graines, l'un des charmes de cette plante, sert dans les bouquets de fleurs séchées. L'autre variété de nigelle, *Nigella sativa*, a également de très jolies fleurs, plutôt violettes, mais un feuillage moins délicat. Ces deux fleurs annuelles, qui se sèment toutes seules, sont assez rustiques pour supporter les climats froids. Dans certaines régions d'Europe, les habitants plantaient un peu de la nigelle de Damas pour s'assurer de la fidélité de l'être aimé. Vous pouvez décorer de graines de nigelle vos pains et petits gâteaux.

Méthode

Si vous souhaitez que votre amant(e) vous reste fidèle, plantez des nigelles dans votre jardin. Soignez-les bien, car si les fleurs se plaisent chez vous, votre amoureux sera fidèle. Pensez à secouer les téguments pour faire tomber quelques graines dans la terre. Si vos nigelles repoussent au printemps suivant, vous pouvez y voir un signe que votre amour durera longtemps.

Chypre Animale

*Quelques gouttes des
parfums de l'amour pour attirer l'objet de votre désir.*

Il vous faut

Des huiles essentielles de bergamote, d'orange, d'absolu de rose, d'absolu de jasmin, de patchouli, de vanille, de myrrhe, de galbanum, de bois de santal et de sauge sclarée

3 cuil. à soupe d'huile de pépins de raisin

Une bouteille (verre fumé)

Très souvent, les animaux produisent des odeurs particulières pour marquer leur territoire et attirer d'éventuels partenaires. Les hommes ont toujours recherché certaines de ces sécrétions, devenues des ingrédients en parfumerie ou des aphrodisiaques. Pendant des siècles, nous avons utilisé dans ce but des extraits des glandes odorantes du musc, un petit cervidé qui vit au Tibet et en Chine, de la civette, un félidé africain, et des castors canadiens et sibériens. Dans certains pays, le parfum si excitant tiré du musc était considéré comme une atteinte aux bonnes mœurs. Au cours des dernières décennies, les industriels, devant la pression exercée par les associations de protection des animaux, ont remplacé les parfums d'origine animale par des équivalents tirés de végétaux, comme la sauge sclarée ou le tabac. Aujourd'hui, vous pouvez utiliser des parfums naturels qui ne sont pas d'origine animale pour préparer du « chypre », cet exotique assemblage de parfums aux pouvoirs légendaires. Voici un assemblage de chypre que vous pouvez réaliser vous-même.

Méthode

Mélangez dans une bouteille en verre fumé 2 gouttes de chacune des huiles essentielles suivantes : bergamote, orange, absolu de rose, absolu de jasmin, patchouli, vanille, myrrhe, galbanum, avec 5 gouttes de bois de santal et de sauge sclarée. Versez l'huile de pépins de raisin, mélangez bien. Vous détenez désormais une huile parfumée d'une rare délicatesse.

L'Amour du Corps

Tout le monde apprécie un massage corporel sensuel et apaisant, et il y a peu de choses aussi agréables que le contact des mains douces et fermes de votre amant(e). Le massage est une manière merveilleuse de montrer votre amour et de donner un soin et du plaisir en même temps.

Huiles parfumées

Les meilleures huiles pour le massage sont des huiles végétales pures, les plus légères étant celles de pépins de raisin et de noix de coco. L'huile d'amande douce est la meilleure base ; les huiles d'avocat et d'olive donnent aussi de bons résultats. Les huiles végétales peuvent présenter cependant un inconvénient, puisqu'elles ne sont pas compatibles avec le latex. Il existe une alternative merveilleuse, le beurre clarifié, que la peau adore. Les beurres de jojoba et de cacao sont également riches et pénétrants.

Quand vous ajoutez des huiles essentielles à une huile de base et que vous les faites pénétrer dans la peau, elles sont absorbées par le corps sur lequel elles peuvent avoir un effet profondément apaisant et sensuel. Les essences les plus connues pour stimuler la libido sont, entre autres, l'ylang-ylang, le bois de santal, le jasmin, la sauge sclarée, la rose, la bergamote et la cannelle.

Massage sensuel

Vous serez surpris(e) de voir à quel point il est facile de procurer un soulagement réel, en même temps qu'un grand plaisir. Avant de commencer, plongez vos mains dans une bassine d'eau chaude pour les réchauffer. Assurez-vous que votre partenaire est allongé(e) dans une position confortable. Versez quelques gouttes d'huile sur ses épaules et faites-les pénétrer dans la peau en massant doucement. Suivez les contours du corps avec les doigts, glissez et caressez avec amour. Massez peu à peu tout le corps, des mains jusqu'aux doigts de pied, en évitant les zones les plus érogènes que vous garderez pour la fin. Une fois que vous avez terminé, votre partenaire peut se retourner pour que vous continuiez de l'autre côté. Maintenant, vous pouvez choisir de l'exciter plutôt que de le détendre. Mais vous pouvez aussi lui infliger un supplice délicieux en insistant pour finir de masser absolument toutes les parties du corps avant de passer à des choses plus sérieuses…

chapitre quatre

LES ÉLIXIRS D'AMOUR

Les élixirs d'amour sont des potions secrètes qui séduisent et font naître des dispositions favorables. Ils tirent leur pouvoir des principes actifs des aphrodisiaques naturels. En général, ceux-ci sont extraits et concentrés dans de l'alcool, ce qui permet à notre corps de les absorber plus rapidement. Consommé avec modération, l'alcool nous libère de nos inhibitions et de nos angoisses. Il nous permet aussi de préparer les plus fabuleux philtres d'amour qui soient. Mais n'en abusez pas : l'alcool est dangereux pour votre santé.

African Queen

Une liqueur lascive qui nous vient d'Afrique.

Il vous faut

Une cuil. à soupe de vodka

2 cuil. à soupe de Cointreau

6 cuil. à soupe de crème d'Amarula

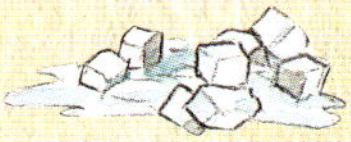

Des glaçons

De la glace à la vanille (facultatif)
De la noix muscade râpée
Un mixer

Le marula est un arbre sauvage qui pousse dans les steppes d'Afrique, mais on le connaît mieux sous le nom de marula. Au plus fort de l'été africain, les fruits vert olive de cet arbre, qui ont la taille d'une prune, mûrissent en prenant une coloration jaune d'or et en dégageant une senteur tropicale qui, portée par la brise, attire toutes sortes d'animaux sauvages à des kilomètres à la ronde. Les troupeaux d'éléphants, en particulier, marchent des journées entières en barrissant pour se repaître de ce fruit. C'est la raison pour laquelle le marula est aussi appelé l'arbre éléphant. L'arbre femelle porte ce fruit au goût exotique qui contient quatre fois plus de vitamine C qu'une orange ordinaire. Tenu pour posséder de puissantes qualités aphrodisiaques, le marula joue un rôle déterminant dans de nombreux rites tribaux de fécondité. Autrefois, dans le folklore, on le désignait sous le nom d'« arbre du mariage », et, aujourd'hui encore, les mariages sont célébrés sous ses branches fertiles. On tire de cet arbre mythique une liqueur tout à fait remarquable : la crème d'Amarula. Cette crème est riche, douce et délicieuse. On peut la boire nature ou avec des glaçons.

Méthode

Mettez le Cointreau, l'Amarula et deux ou trois glaçons dans un mixer. Mixez jusqu'à ce que le mélange soit lisse. Versez dans un verre et saupoudrez de noix muscade râpée. Si vous préférez un milk-shake, ajoutez quelques boules de glace à la vanille.

Caribbean Cruise

Une boisson érotique des îles ensoleillées des Caraïbes.

Il vous faut

1/2 verre de rhum brun des Caraïbes

De l'écorce de bois bandé

Du jus de mangue

Du jus de citron vert

Le bois bandé, si joliment nommé, désigne une espèce d'arbre des Caraïbes qui est célèbre dans ces îles pour ses qualités aphrodisiaques. Les habitants arrachent de longues bandes de l'écorce puis les font macérer dans du rhum, ou les font sécher pour préparer des infusions. Il existe dans le commerce plusieurs rhums contenant du bois bandé, mais c'est plus amusant, plus efficace et sans doute moins cher de le préparer soi-même. La recette qui suit est assez courante. Nous ajoutons du jus de mangue pour rendre ce cocktail encore plus délectable. Nombreux sont ceux qui reconnaissent des vertus érotiques à la mangue, et l'usage du jus de mangue comme philtre d'amour est connu depuis longtemps.

Méthode

Prélevez 4 cuil. à soupe de rhum, puis remplissez la bouteille de morceaux d'écorce de bois bandé jusqu'au goulot. Rebouchez la bouteille et gardez-la au chaud et à l'abri de la lumière pendant au moins 3 semaines. Avant de vous délecter, ajoutez du jus de mangue frais et pressez un citron vert, afin de renforcer la note exotique. Mais n'abusez pas de cette préparation alcoolisée.

DÉESSE VERTE

Le secret des ingrédients de ce breuvage érotique est gardé depuis des siècles.

IL VOUS FAUT

Une cuil. à soupe de Chartreuse verte par flûte à champagne

Du champagne

Des flûtes à champagne

Depuis des siècles, les hommes se servent d'herbes aromatiques pour fabriquer des liqueurs qui étaient à l'origine des remontants à vocation curative. La Chartreuse, dont il existe plusieurs variantes, donne les meilleures liqueurs du monde. Au XVIIe siècle, le maréchal d'Estrées offrit au monastère de la Grande-Chartreuse un manuscrit déjà ancien qui contenait la formule secrète d'un élixir de longévité. Les moines faisaient boire cet élixir aux habitants du cru pour les soigner. Puis, constatant son succès croissant, ils améliorèrent son goût en ajoutant du miel, et sa consommation devint plus quotidienne. C'est ainsi que la Chartreuse verte vit le jour en 1764. Elle est toujours produite de la même manière aujourd'hui. Sa formule complexe ne compte pas moins de 130 ingrédients, presque tous des herbes. Nous avons peu de chances d'en apprendre davantage sur le secret de cette recette, puisque seuls trois moines le connaissent. Nous savons uniquement que la Chartreuse ne comporte pas d'ingrédients artificiels et titre 55 degrés. Ce nectar mystérieux, enivrant et délicieux s'est fait une certaine réputation grâce à de ses effets stimulants, qui éveillent fortement les sens. Dégustez-la en bonne compagnie. Pour ressentir encore mieux ses effets, mariez-la au roi des aphrodisiaques : le champagne.

MÉTHODE

Versez la Chartreuse verte dans une flûte à champagne. Remplissez de champagne frais et savourez la vie.

Philtre scellé

Élixir d'Amour numéro 9

Un merveilleux philtre d'amour qui fait appel aux énergies amoureuses de Vénus.

Il vous faut

15 g de damiana
7 g de muira puama
15 g de baies de sabal
15 g de graines de coriandre
Une cuil. à soupe de vinaigre de framboise
10 cl d'alcool fort
30 g de miel
De l'essence de cannelle
De l'essence de vanille
Un mortier et un pilon
Un bocal en verre et un entonnoir
Des filtres à café en papier
Une bouteille en verre fumé

Ce puissant élixir d'amour se compose de neuf ingrédients, dont trois des plus efficaces aphrodisiaques d'origine végétale : le damiana, le muira puama et le sabal. Préparez chaque étape de cet élixir un vendredi, c'est-à-dire le jour de Vénus, afin de bénéficier des énergies de la planète de l'amour. Le moment idéal pour le préparer est lorsque le Soleil est en Taureau.

Méthode

Au lever du soleil, le premier vendredi après la nouvelle lune, réduisez en poudre le damiana sec, le muira puama, les baies de sabal et les graines de coriandre. Mettez cette poudre dans un bocal en verre. Mélangez le vinaigre de framboise et l'alcool. Versez lentement sur la poudre. Fermez hermétiquement le bocal et laissez-le reposer, sans y toucher, dans un endroit chaud à l'abri de la lumière. Au bout de 2 semaines, le vendredi, au lever du soleil, filtrez le mélange à l'aide d'un entonnoir garni d'un filtre à café. Appuyez sur les résidus avec le dos d'une cuillère en bois pour en extraire les dernières gouttes. Versez le miel dans une tasse et chauffez-le au bain-marie. Versez le miel dans la préparation filtrée, en ajoutant la cannelle et l'essence de vanille pour rectifier le goût. Décantez dans une bouteille en verre fumé. Diluez 4 cuil. à soupe dans un verre d'eau chaude. Si vous souhaitez reconstituer votre énergie sexuelle de manière plus progressive, prenez-en 7 gouttes dans de l'eau deux fois par jour, au moment de la lune croissante, pendant 1 mois.

L'Élixir de la Jungle

Une boisson terriblement excitante pour mettre le feu aux poudres.

Il vous faut

Du jus de fruit de la passion

15 g de catuaba

15 g de muira puama

15 g de guarana

Une bouteille de 70 cl de rhum blanc

Les Indiens tupi, qui vivent dans la forêt tropicale humide du Brésil, vénèrent plus que toutes les autres une certaine plante, le catuaba, pour son aptitude à redonner ou renforcer le désir. Le catuaba aide les hommes à conserver leur vigueur sexuelle. Grâce à ses propriétés antibactériennes et antivirales, il est aussi un remède qui agit avec efficacité contre la maladie. Le muira puama, autre célèbre plante de l'Amazonie et autre grand tonique érotique, fonctionne très bien quand il est associé au catuaba. Le muira puama possède de nombreuses qualités médicinales, mais on l'utilise surtout contre l'impuissance, la stérilité et les troubles menstruels. Il faut cependant le préparer avec grand soin pour bénéficier de toutes ses qualités essentielles. Pour donner encore plus d'intensité aux propriétés érotiques du muira puama et du catuaba, vous pouvez les prendre avec du guarana, une autre plante miraculeuse de l'Amazonie. Il éveille vos facultés mentales et stimule le désir. L'association de ces trois plantes vous donne un philtre d'amour des plus puissants.

Méthode

Mettez le catuaba, le muira puama et le guarana dans une casserole possédant un couvercle hermétique. Versez la moitié du rhum blanc, couvrez et portez lentement à ébullition, mais sans laisser bouillir. Laissez infuser 20 minutes, toujours sans laisser bouillir. Filtrez et versez dans la bouteille de rhum à moitié vide. Buvez avec du jus de fruit de la passion et passez quelques agréables moments.

LA FORCE DU CERF

Un tonique puissant qui multiplie vos désirs amoureux.

IL VOUS FAUT

30 de ginseng américain en poudre

30 g de bois de cerf en poudre

Du cognac

Un bocal en verre

Une bouteille en verre fumé

L'homme, avec ses besoins en remèdes d'origine animale, a conduit certaines espèces au bord de l'extinction comme le tigre et le rhinocéros. Les bois de cerf sont un important remède d'origine animale qui ne pose aucun problème d'ordre écologique. Chaque année, la tête du cerf se pare de nouveaux bois, et plusieurs pays, notamment la Nouvelle-Zélande, pratiquent l'élevage à grande échelle de ces animaux pour répondre à la demande. Le bois de cerf est un puissant tonique yang (énergie mâle). Il permet de lutter contre l'impotence, la frigidité, la stérilité, l'éjaculation précoce et les déficiences hormonales chez les femmes et les hommes. L'un des plus puissants toniques pour reconstituer vos forces, qui par ailleurs agit efficacement sur votre libido, associe le bois de cerf au ginseng américain. Le ginseng équilibre et complète les effets du bois de cerf.

MÉTHODE

Mettez le ginseng américain et le bois de cerf dans un bocal en verre, et versez dessus deux fois plus de cognac que nécessaire pour bien recouvrir cette poudre. Fermez le bocal, puis placez-le dans un endroit chaud et à l'abri de la lumière pendant 2 semaines. Filtrez dans une bouteille en verre fumé. Vous pouvez consommer cette préparation pour renforcer votre libido : prenez-en alors 1/2 cuil. à café deux fois par jour pendant la lune croissante seulement. De temps en temps, si vous avez besoin d'un philtre d'amour, buvez-en 3 cuil. à soupe, avec ou sans eau.

Élixir pour Elles

Un tonique pour épancher votre soif d'amour.

Il vous faut

70 g de yin yang huo

40 g de sabal ou de dong quai

40 g de yohimbehe

40 g de damiana

40 g de ginseng chinois en poudre

30 g de racine de réglisse râpée

3,5 l d'eau

1,4 kg de miel

Une cuil. à café de levure de vin

Une dame-jeanne de 5 l, avec bouchon et bonde hydraulique

Quelques bouteilles de vin, des bouchons

Dans le chapitre « Les secrets d'Aphrodite », nous avons évoqué les puissantes vertus aphrodisiaques du yin yang huo, du damiana et du yohimbehe. Ici, dans cette vieille recette chinoise, ils unissent leurs forces pour constituer un tonique qui convient particulièrement aux femmes. On peut toutefois utiliser la même recette pour les hommes, en remplaçant le sabal par du dong quai. Il vaut mieux commencer à préparer cet élixir au lever du soleil, le premier vendredi suivant la nouvelle lune.

Méthode

Placez le yin yang huo, le sabal ou le dong quai, le yohimbehe, le damiana, le ginseng chinois et la racine de réglisse dans une grande marmite avec l'eau. Couvrez, portez à ébullition et laissez mijoter doucement pendant 15 minutes. Laissez refroidir 10 minutes, puis ajoutez le miel. Mélangez jusqu'à ce que le miel soit dissous. Laissez refroidir jusqu'à ce que la préparation soit à température ambiante (environ 18 à 24 °C), puis ajoutez la levure de vin. Recouvrez d'un linge et laissez fermenter pendant quelques jours. Transvasez alors le liquide dans la dame-jeanne, mettez le bouchon et la bonde hydraulique. Une fois que le breuvage a cessé de pétiller, la fermentation est terminée. Passez et filtrez en versant dans les bouteilles de vin que vous aurez lavées et faites bouillir 5 minutes, puis bouchez les bouteilles. Vous pouvez conserver ce vin 1 an à peu près, mais mieux vaut ne pas trop tarder.

Céleri Sexy

*Cette préparation sexy
agit directement sur vos zones érogènes.*

Il vous faut

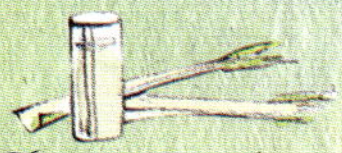

Du jus de céleri

Du jus de tomate

De la sauce Worcester

Du sherry fino

Du jus d'orange

Du céleri en poudre

Du poivre blanc

Du sel

Du Tabasco

De la vodka

Des branches de céleri

En Europe, le céleri est depuis longtemps célébré pour ses qualités aphrodisiaques. Le céleri stimule la glande pituitaire qui contribue à la production des hormones sexuelles. Il contient aussi des huiles complexes qui peuvent avoir un effet stimulant sur les centres olfactif et sexuel du cerveau. On raconte même qu'il contient de petites quantités de méthaqualone, la célèbre « drogue de l'amour » qui eut tant de succès aux États-Unis dans les années 1970 (sous le nom de Quaalude). Si le céleri contient véritablement un peu de cette substance, vous pouvez être certain que ce sera en quantité infinitésimale, mais cela ne fait que confirmer sa réputation de légume sexy. Enfin, les amateurs de tomates trouvent à ces fruits des pouvoirs non négligeables sur nos sens, ce qui pourrait expliquer leur nom de « pommes d'amour » dans le Midi. Le céleri et le jus de tomate se marient parfaitement pour vous donner un Bloody Mary avec un petit quelque chose en plus.

Méthode

Versez dans une carafe, en quantité égale, les jus de céleri et de tomate, puis quelques gouttes de sauce Worcester, de sherry fino, de jus d'orange ; assaisonnez avec du sel de céleri, du poivre blanc, du sel et du Tabasco. Versez le tout dans de grands verres sur la vodka et les glaçons, et décorez chaque verre d'une branche de céleri.

El Jeque

*Une petite merveille mexicaine
qui va vous enfiévrer.*

Il vous faut

Une bouteille de vin rouge de Californie

30 g de feuilles de damiana

2 ou 3 piments rouges

Vous trouverez au Mexique certains des plus fabuleux aphrodisiaques au monde. Les Aztèques et les autres peuples indiens utilisaient toutes sortes de plantes locales pour raviver ou renforcer leur énergie sexuelle, de même qu'une bonne quantité de piments rouges pour donner du goût à leurs aliments. Quand vous mangez des piments, votre corps produit des substances chimiques génératrices de bien-être. Si vous ne détestez pas les plats épicés, la cuisine peut devenir le théâtre de vos ébats. Aujourd'hui, les Mexicains consomment un vaste choix des boissons locales tirées d'une sélection de fruits et de plantes, comme les agaves avec lesquelles ils fabriquent le pulque, le mescal et la tequila. À Oaxaca, ils ajoutent au mescal le ver qui se nourrit des agaves, parce qu'ils pensent que cette petite bête a des effets bénéfiques sur nos instincts libidineux. Mais le plus célèbre des aphrodisiaques du pays, c'est le damiana qui ne rate jamais son coup… Voici une recette pour vous pénétrer de cette merveilleuse plante en buvant un délicieux cocktail. Il s'appelle *el jeque,* ce qui signifie le cheik en espagnol.

Méthode

Ôtez un demi-verre d'une bouteille de vin rouge de Californie – du merlot ou de la syrah, par exemple. Placez dans la bouteille les feuilles de damiana et les piments rouges. Rebouchez-la bien et laissez reposer dans un endroit chaud pendant 1 semaine. Filtrez et savourez en compagnie d'une personne qui vous est très chère.

Bella Margarita

Un cocktail lascif qui assouvira votre soif d'amour.

Il vous faut

De la tequila

Du jus de citron vert

Du Cointreau

De la crema de damiana

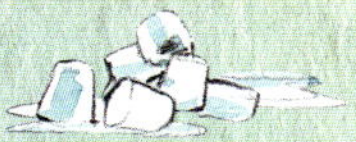

De la glace

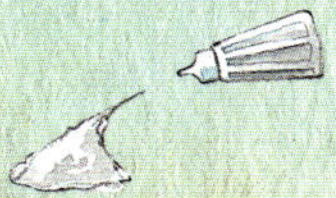

Une pincée de sel

C'est aux États-Unis, pendant la Prohibition, que la mode des cocktails vit le jour, avec le succès qu'on sait. Le cocktail symbolise le plaisir. Aucun instrument de séduction mutuelle ne saurait rivaliser avec lui. L'un des plus fabuleux cocktails au monde est la margarita. Elle fut inventée à Mexico City et à Acapulco dans les années 1940. La recette, aujourd'hui connue dans le monde entier, se compose de tequila, de jus de citron vert et de Cointreau, mais, selon certains connaisseurs, les premières margaritas étaient préparées avec de la liqueur de damiana et non du Cointreau – le damiana étant la plante aphrodisiaque préférée des Mexicains. Procurez-vous une bouteille de crema de damiana (ou concotez-en vous-même en suivant la recette p. 116), et vous serez en possession de l'ingrédient secret qui vous permettra d'élaborer l'un des plus formidables philtres d'amour qui soient. N'essayez pas de mixer ce cocktail avec de la glace pilée : ce n'est pas une boisson pour les petites filles !

Méthode

Pour préparer les meilleures margaritas du monde, mélangez trois parts de tequila, trois parts de jus de citron vert et une part de Cointreau avec une part de crema de damiana. Mélangez avec de la glace et versez dans des verres réfrigérés dont vous aurez frotté les bords dans du sel. Attention, n'en buvez pas trop avant de passer aux choses sérieuses. Cette boisson est fortement alcoolisée : buvez-en avec modération.

Crema de Damiana

L'arme secrète et ancestrale des « Mexican lovers »

Il vous faut

30 g de feuilles de damiana

Un verre d'aguardiente ou de tequila

20 cl d'eau de source

Un bocal en verre

Une bouteille en verre

Le damiana, tout comme le chocolat, est l'un des aphrodisiaques favoris des Mexicains depuis l'époque aztèque. Ce joli petit arbuste pousse à l'état sauvage dans tout le Mexique. Maintenant qu'il est utilisé en herboristerie dans le monde entier, il est cultivé à grande échelle. Vous trouverez dans le commerce une délicieuse liqueur, la crema de damiana qui est vendue dans des bouteilles ressemblant au torse d'une femme enceinte. Il s'agit en fait d'une déesse précolombienne de la fécondité, sans doute Mayahuel. Les jeunes mariés reçoivent traditionnellement une bouteille de crema de damiana pour leur voyage de noces, à cause de ses vertus érotiques. Voici comment préparer votre crema de damiana.

Méthode

Mettez les feuilles de damiana dans un bocal en verre et versez un verre d'aguardiente (une liqueur de sucre de canne mexicaine) ou de tequila. Fermez le bocal et laissez-le reposer dans un endroit chaud et sombre pendant 10 jours. Filtrez, mettez en bouteille et replacez les feuilles dans le bocal. Recouvrez-les d'eau de source et laissez reposer 2 jours. Filtrez, versez dans une casserole et faites chauffer doucement. Faites fondre le miel dans l'eau. Laissez l'eau refroidir et versez-la dans la bouteille contenant l'extrait d'alcool. Ce philtre s'améliorant avec le temps, laissez-le reposer au moins 1 mois, ce qui lui donnera l'occasion de devenir transparent comme du cristal. Décantez et éliminez les sédiments. Savourez tel quel ou avec des glaçons.

QUEUR de
MIANA
IMPORTED
by Volume

KAVA

Ce doux tonique vous transporte par magie en Polynésie.

Il vous faut

30 g de racine de kava en poudre

50 cl de lait (de chèvre de préférence)

De la citronnelle

Une racine de gingembre frais

Du miel

Quand le capitaine Cook, grand explorateur anglais, découvrit l'archipel de la Polynésie, lui et ses hommes eurent du mal à croire à quel point les beaux et les belles insulaires ne s'encombraient pas d'inhibitions, en particulier dans les choses de l'amour. Les marins tombèrent tout de suite sous le charme des ravissantes Polynésiennes. Ils en étaient devenus tellement fous qu'il fallut les menacer de mort pour qu'ils poursuivent leur périple. Les insulaires avaient un secret, ce breuvage très spécial appelé kava. Cette boisson sacrée était la pierre angulaire de la vie sociale et culturelle. Les Polynésiens la préparent – aujourd'hui comme autrefois –, en se servant des énormes racines d'un arbuste, le kava. Boire du kava vous plonge dans un état de bien-être, de tranquillité et de béatitude propice aux jeux amoureux. Il n'est donc pas étonnant que ce breuvage ait acquis une grande réputation en Occident chez les amoureux qui désirent une stimulation douce.

Méthode

Incorporez la racine de kava dans le lait en fouettant. Ajoutez un brin de citronnelle et deux fines tranches de racine de gingembre. Chauffez doucement, laissez infuser 10 minutes, en remuant de temps en temps. Ne laissez pas bouillir. Mettez un peu de miel pour adoucir le goût et préparez-vous à tomber dans les bras l'un de l'autre.

Absinthe : la Fée Verte

Le plus sexy des philtres d'amour

L'absinthe, à la réputation sulfureuse, est un alcool dangereux pour l'équilibre mental. Les écrivains et les artistes d'avant-garde du XIXe siècle en raffolaient. Quand la Première Guerre mondiale éclata, elle avait déjà été interdite dans de nombreux pays européens.

La boisson des artistes

L'absinthe vit le jour en Suisse, au XVIIIe siècle. C'était alors un élixir médicinal composé de diverses herbes dont l'anis étoilé, l'armoise, l'hysope, le fenouil, la mélisse, la coriandre, la camomille et la véronique. L'élixir fut baptisé d'après le nom latin de l'armoise, *Artemisia absinthium*. Il devint rapidement un apéritif très apprécié en France. Vers cette époque, l'absinthe était indissociable de la vie de bohème que menaient des artistes tels que Baudelaire ou Rimbaud, qui scandalisaient la société par leurs expériences avec l'opium et le haschich. Ils voyaient en elle une muse créatrice et libératrice.

Destructrice ou libératrice ?

Si l'absinthe avait ses partisans, ses opposants estimaient cette boisson vicieuse et elle fut vite rendue responsable de la dégénérescence de ses consommateurs. L'absinthe contient des substances pouvant stimuler le système nerveux, mais aussi le dégrader en cas d'abus. Si vous en buvez avec extrême modération, cependant, l'absinthe est une potion merveilleuse, qui favorise l'intimité et libère les fantasmes. Quant à sa réputation douteuse, elle ne fait qu'ajouter à son charme.

Une version sûre et délicieuse

L'absinthe est interdite en France et dans d'autres pays, mais vous pouvez composer vous-même cette boisson qui reste sans danger si vous la consommez avec modération. Mettez simplement 15 g de graines de fenouil, autant d'anis, d'hysope, de mélisse et de damiana dans un bocal de 1 l avec 7 g d'armoise. Recouvrez de 70 cl de vodka. Fermez hermétiquement et conservez dans un endroit chaud et à l'abri de la lumière pendant 2 semaines, en remuant de temps en temps, puis filtrez et mettez en bouteille. Buvez votre absinthe avec de la glace et de l'eau, puis laissez votre imagination se débrider.

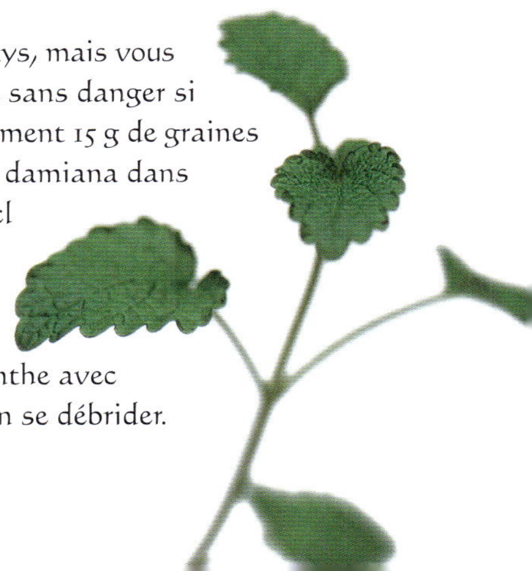

Glossaire

Absinthe Liqueur fortement alcoolisée à base d'herbes – dont l'armoise – et parfumée à l'anis. Aujourd'hui, l'absinthe est interdite en France et aux États-Unis, entre autres.

Achillée millefeuille (*Achillea millefolium*) Fleur sauvage qui pousse aux États-Unis et en Europe. Appréciée pour ses qualités divinatoires et médicinales.

Acide citrique Acide naturel dérivé des agrumes. Vendu sous forme de cristaux en poudre.

Aconit napel (*Aconitum napellus*) Fleur des jardins d'origine européenne. Ses racines contiennent un poison, l'aconitine, qui est utilisé comme analgésique.

Agripaume (*Leonurus cardiaca*) L'une de ces herbes qui font du bien aux femmes. Originaire d'Europe, elle peuple désormais les jardins américains.

Aguardiente Eau-de-vie mexicaine issue de la distillation du sucre de canne. Vous la trouverez dans le commerce.

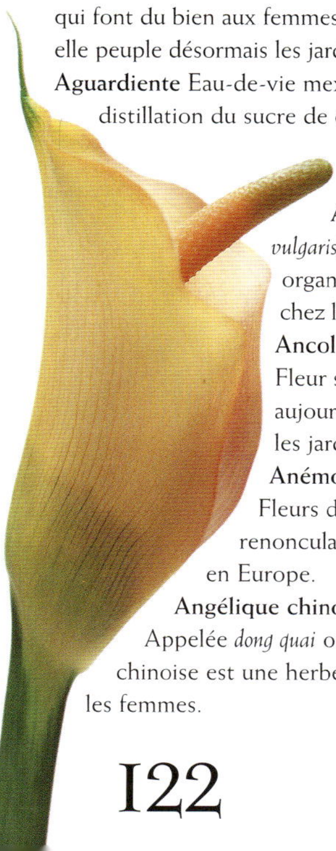

Alchémille (*Alchemilla vulgaris*) Sert à stimuler les organes de la reproduction chez la femme.

Ancolie (*Aquilegia vulgaris*) Fleur sauvage d'Europe, aujourd'hui cultivée dans les jardins.

Anémone (*Anemone spp.*) Fleurs de la famille des renonculacées qui pousse en Europe.

Angélique chinoise (*Angelica sinensis*) Appelée *dong quai* ou *dang gui*, l'angélique chinoise est une herbe très bénéfique pour les femmes.

Anis (*Pimpinella anisum*) Graines aromatiques d'une plante éponyme originaire du Moyen-Orient.

Armoise absinthe (*Artemisia absinthium*) Aromatique et très amère, cette herbe médicinale est le principal ingrédient de l'absinthe.

Armoise commune (*Artemisia vulgaris*) Herbe médicinale européenne. Ses feuilles aromatiques servent à purifier à la fois le corps et l'esprit.

Avoine sauvage ou folle avoine (*Avena fatua*) Les graines vertes (non mûres) et laiteuses de cette céréale sont un excellent tonifiant pour la libido.

Bâtonnet purifiant Ce bâton se compose des feuilles et des tiges séchées et attachées d'herbes aromatiques, de sauge, d'armoise commune ou de lavande. Faites-le brûler comme de l'encens pour purifier l'air.

Bergamote (*Citrus bergamia*) Type d'orange dont l'écorce fournit une huile essentielle.

Bleuet (*Centaurea cyanus/montana*) Le bleuet, nom commun de la centaurée, est une fleur des prés et d'altitude qui pousse en Europe. Ces deux variétés jouent un rôle dans les incantations.

Bois bandé (*Roupala montana*) Écorce naturelle d'un grand arbre des Caraïbes.

Cardamome (*Elettaria cardamomum*) Les gousses de cette plante asiatique sont appréciées pour leur saveur délicate et aromatique.

Carvi (*Carum carvi*) Plante de la famille des ombellifères. Cultivée pour ses graines épicées et aromatiques.

Catuaba (*Anemopoegma mirandum*) Cette herbe originaire de l'Amazonie sert d'aphrodisiaque.

Chartreuse verte Les moines chartreux fabriquent cette célèbre liqueur aux herbes depuis le XVIIIe siècle. Ils en gardent jalousement le secret.

Chypre Nom générique d'un type de parfums exotiques, fabriqués à l'origine avec des produits de l'île de Chypre.
Citronnelle (*Cymbopogon nardus*) Herbe au goût acidulé. Très utilisée dans la cuisine thaïe et sous forme de tisane en Occident.
Civette Mammifère carnivore. Le mâle secrète une substance musquée qui entre dans la composition de nombreux parfums.
Coca (*Erythroxylum coca*) Arbrisseau à feuilles persistantes des Andes, en Amérique du Sud, dont l'usage médicinal remonte à plusieurs siècles.
Copal (*Copaifera lansdorfii*) Résine extraite de diverses espèces de copayers sud-américains. Sert d'encens pour les cérémonies en Amérique du Sud.
Coriandre (*Coriandrum sativum*) Les graines de cette plante de la famille des ombellifères sont appréciées comme épices.
Coucou (*Primula veris*) Fleur jaune foncé qui pousse au printemps.
Cubèbe (*Piper cubeba*) Poivre très épicé utilisé dans la cuisine indonésienne.
Cumin (*Cuminum cyminum*) Plante aromatique de la famille des ombellifères et parent de la coriandre et du carvi ou cumin des prés.
Damiana (*Turnera diffusa, aphrodisiaca*) Arbuste qui pousse au Nouveau-Mexique et dans le Sud des États-Unis.
Eau lustrale Eau qui purifie. Les druides l'utilisaient pendant leurs cérémonies.
Encens (*Boswelia sacra*) Un arbuste natif d'Arabie sécrète cette résine aromatique dont les gouttelettes prennent la forme d'une poire.
Euphorbe (*Stillingia sylvatica*) La racine de cette plante originaire d'Amérique du Nord sert de tonifiant pour la peau.
Fenouil (*Foeniculum vulgare*) Membre de la famille des ombellifères. Le bulbe se déguste en légume, les graines servent d'épice.
Galbanum (*Ferula galbaniflua, syn. gummosa*) Cette petite herbe vivace nous vient d'Asie Mineure. Sa résine est exploitée en parfumerie.

Gattilier (*Vitex agnus-castus*) Les graines de cet arbuste, également appelé agnus-castus, peuvent guérir les troubles hormonaux.
Genêt à balais (*Cytisus scoparius*) Arbuste à fleurs jaunes. Plante médicinale utilisée contre les maladies du cœur.
Ginseng américain (*Panax quinquefolium*) Ce proche parent du ginseng chinois a la réputation d'être un peu moins fort.
Ginseng chinois (*Panax ginseng*) C'est le ginseng « authentique », très apprécié en Chine comme panacée (c'est-à-dire qui guérit tout) et léger stimulant.
Girofle (clou de) (*Eugenia caryophyllata*) Les boutons séchés des fleurs du giroflier donnent une épice à la saveur relevée.
Graine de paradis (Maniguette) (*Aframomum melegueta*) Cette épice aromatique est employée dans la cuisine africaine et antillaise, mais aussi comme aphrodisiaque.
Guarana (*Paullinia cupana*) Plante d'Amazonie dont les graines amplifient le désir sexuel.
Guimauve (*Althea officinalis*) Plante médicinale originaire d'Europe qui a été acclimatée aux États-Unis.
Huile de germe de blé Huile riche, à forte teneur en vitamine E, qui sert d'antioxydant.
Hysope (*Hyssopus officinalis*) Arbrisseau à fleurs qui pousse en Europe. Cette plante médicinale séculaire entre dans la composition de l'absinthe comme de la chartreuse.
Jasmin (*Jasminum officinale*) Cette plante grimpante à feuilles caduques donne des fleurs qui servent à la fabrication de parfums et de thés.

Kava (*Piper methysticum*) Les racines de cet arbrisseau polynésien servent à concocter une boisson rituelle aux vertus euphorisantes.
Khalua Excellente liqueur à base de café.
Laurier (*Laurus nobilis*) Les feuilles de cet arbre sont couramment utilisées en cuisine.
Lavande (*Lavandula angustifolia*) Herbe aromatique dont l'huile essentielle est prisée en aromathérapie. C'est également un antibiotique et un insecticide. Les fleurs séchées parfument les tisanes.
Levure Champignon servant à faire lever le pain et fermenter le sucre pour produire de l'alcool.
Lin (*Linum usitatissimum*) Plante herbacée de taille moyenne, aux jolies fleurs bleues. Elle est cultivée pour ses fibres textiles et ses graines oléagineuses.
Linaire (*Linaria vulgaris*) Herbe à fleurs jaunes, d'assez petite taille, qui pousse en Europe.
Lis (*Lilium spp.*) Plante à grandes fleurs.
Mandragore (*Mandragora officinarum*) Rare et mystérieuse plante de l'Ancien Monde, profondément ancrée dans les mythes et les folklores. Ne pas confondre avec la mandragore américaine.
Mélisse (*Melissa officinalis*) Herbe médicinale qui apaise les enfants trop actifs.
Merlot Cépage qui sert à élaborer un vin rouge moelleux du même nom.
Muira puama (*Liriosma ovata*) Arbre brésilien. Ses racines servent d'aphrodisiaque, surtout pour les hommes, et de tonique.

Musc Substance odorante produite par les cervidés et quelques autres animaux. Très prisé comme parfum, il est aujourd'hui produit synthétiquement.
Myrrhe (*Commiphora myrrha*) Résine aromatique que sécrète un arbuste originaire d'Arabie.
Néroli (*Citrus aurantium*) Luxueuse huile essentielle tirée de fleurs d'orangers. Elle donne une nouvelle jeunesse à la peau.
Nigelle de Damas (*Nigella damascena*) Cette jolie plante aux fleurs bleues pousse en Europe et en Asie. Ses graines trouvent un usage médicinal et culinaire.
Onagre (*Oenothera biennis*) Fleur européenne. De ses graines est extraite une huile qui soigne les maladies de peau.
Orchidée (*Orchidaceae spp.*) Vaste famille de fleurs. Certaines espèces sont considérées comme des aphrodisiaques à cause de la forme de leur bulbe.
Parisette (*Paris quadrifolia*) Cette plante aux baies bleuâtres permet d'envoûter celui que vous aimez.
Patchouli (*Pogostemon patchouli*) Herbe tropicale parfumée. Son huile essentielle sert en parfumerie. Si, à petites doses, c'est un tonifiant, à doses plus fortes, il s'agit d'un calmant.
Pensée sauvage (*Viola tricolor*) Cette petite fleur permet aux jeunes filles de jeter un charme à leur amoureux.
Pervenche (*Vinca minor/major*) Fleur présente en Europe et aux États-Unis. Elle a un usage médicinal mais se prête aussi aux envoûtements.
Pignons Ces graines de pin parasol ont longtemps été considérées comme des aphrodisiaques.
Prêle (*Equisetum arvense*) Également appelée queue-de-cheval ou queue-de-rat, cette fougère qui pousse dans tout l'hémisphère nord est utilisée pour ses propriétés curatives depuis des siècles.
Primevère (*Primula vulgaris*) Fleur jaune pâle agréablement parfumée.
Sabal (*Sabal serrulata*) Petit palmier de la côte atlantique sud des États-Unis. Ses baies sont un tonifiant pour la prostate.

Sabot de la Vierge (*Cypripedium parviflorum, var. pubescens*) Orchidée jaune au parfum pénétrant.
Safran (*Crocus sativus*) Les stigmates séchés de cette variété de crocus produisent un colorant jaune qui est aussi un aphrodisiaque, une épice et un stimulant sanguin utilisé en médecine.
Salsepareille (*Smilax officinalis*) Plante du Nouveau Monde utilisée dans la médecine indienne. On tire des racines un tonique qui est consommé aujourd'hui dans le monde entier.
Santal (*Santalum album*) Le cœur de cet arbre tropical produit une huile aromatique très appréciée qui est couramment utilisée comme encens ou en parfumerie.
Sarriette (*Satureia hortensis*) Herbe aromatique qui a la réputation d'être un aphrodisiaque.
Sassafras (*Sassafras albidum*) On pense que c'est la première plante médicinale du Nouveau Monde qui fut introduite en Europe.
Satyrion Le plus célèbre aphrodisiaque de toute l'Antiquité. Cette espèce aujourd'hui éteinte était sans doute une orchidée.
Sauge (*Salvia officinalis*) Herbe culinaire et médicinale. Vous pouvez faire sécher les feuilles et les tiges pour fabriquer des bâtons d'encens ou pour purifier l'air.
Sauge sclarée (*Salvia sclarea*) Membre de la famille des sauges. L'huile essentielle est utilisée en parfumerie comme fixatif ou substitut du musc.
Sedum (*Sedum telephium*) Cette fleur sauvage d'Europe est également appelée orpin. Elle est utilisée dans les envoûtements amoureux.
Syrah Cépage qui produit un vin rouge riche et épicé portant le même nom.
Tabac (*Nicotiana tabacum*) Dans cette famille, de nombreuses variétés donnent des fleurs magnifiques.
Verveine (*Verbena officinalis*) Herbe médicinale originaire d'Amérique du Nord et d'Europe. Son effet est particulièrement puissant juste au début de la floraison. Elle sert à envoûter l'être désiré.

Violette (*Viola odorata*) Fleur délicate au doux parfum qui apparaît au printemps en Europe. Utilisée pour envoûter.
Ylang-ylang (*Cananga odorata*) L'huile essentielle extraite des fleurs de cet « arbre aux parfums » est souvent utilisée en parfumerie.
Yin yang huo (*Epimedium sagittatum*) Ce puissant aphrodisiaque est originaire de Chine.
Yohimbehe (*Pausinystalia yohimbe, syn. Corynanthe yohimbe*) Cet arbre à bois tendre et à feuillage persistant pousse dans l'Afrique de l'Ouest. Son écorce sert d'aphrodisiaque. C'est l'unique plante dont les vertus aphrodisiaques ont été officiellement reconnues par les pharmacologues orthodoxes.
Yohimbine Drogue tirée du yohimbehe (voir ci-dessus) aux propriétés aphrodisiaques reconnues.

ADRESSES

HERBORISTERIE ARTIGE
86, rue du président Edouard-Herriot
69002 LYON
Tél. : 04 78 37 32 43
Fax : 04 72 40 24 32
www.herboristerie-artige.com

ESPACE NATURE
S.G.M.
2 rue Léon-Blum
B.P. 918 90020 BELFORT Cedex
Tél. : 03 84 22 51 64
Fax : 03 84 22 90 74
www.espace-nature.com

PÈRE BLAIZE
4 et 6, rue Meolan
13001 MARSEILLE
Tél : 04 91 54 04 01
Fax : 04 91 33 41 31
www.pere-blaize.fr

LE TILLEUL D'OR
6, rue du Mourier
24100 BERGERAC
Tél. : 05 53 57 18 33
Fax : 05 53 57 18 33

PHARMACIE DE LA FONTAINE
1, rue Barnave
38000 GRENOBLE
Tél : 04 76 44 14 64

HERBORISTERIE DU PALAIS-ROYAL
11, rue des Petits-Champs
75001 PARIS
Tél. : 01 42 97 54 67
www.capitale-forme.fr

Sites internets :
Droguerie-herboristerie Dorier Richard
www.drog.ch/

Phyto Portal
www.phytoportal.com

Laboratoire d'herboristerie générale
www.lhg-fr.com

Le Petit Herboriste illustré
ltswww.epfl.ch/~auric/phyto/

Midi médical
www.midimedical.com

INDEX

Crédits

Quarto souhaiterait remercier Jasmin de BMA qui a bien voulu apparaître sur de nombreuses photos. Merci également à Healthpack Ltd (0160) 865 8862 au Royaume-Uni, qui nous a très aimablement prêté des accessoires pour les photos.

Toutes les photographies et les illustrations sont la propriété de Quarto Publishing Inc.